30日完成
スピードマスター
日本文化史問題集

東京都歴史教育研究会 編

山川出版社

本書の目的と使用法

新学習指導要領の「日本史探究」では、文化史の学習について「各時代の文化とそれを生み出した時代的背景との関連、外来の文化などとの接触や交流による文化の変容や発展の過程などに着目」すること、日本の「伝統や文化の特色とそれを形成した様々な要因を総合的に考察」すること、衣食住や風習・信仰などの生活文化を「時代の特色や地域社会の様子など」と関連付けること、が重視されている。

文化史の学習は、ともすれば事項・用語の暗記にはしりがちである。しかし、文化はそれぞれの時代を生きた人々による創造や継承といった営みによって形づくられてきたことを忘れないようにしたい。

今後は、大学入学共通テストをはじめ、各大学の入学試験で、新学習指導要領の趣旨をふまえて、新しい視点や発想をもとに、絵画など多様な資料を読み解いたり、文化財にふれたりすることを通して思考する問題が、これまで以上に出題されていくことになるであろう。

『スピードマスター日本史問題集』の姉妹編として編集された本問題集は、写真・図版など約200点を集め、視覚的アプローチを通じて文化史を中心とした日本史学習を進めることをねらいとしている。また、各時代の文化史を構造的に理解するだけでなく、8つのテーマで日本の歴史を系統的に概観している。このことにより、文化史を中心とした各時代のヨコのつながりと、テーマ史による日本史のタテの流れをつかみ、30日の学習で日本史の全体像をとらえられるよう工夫してまとめてある。

受験対策とともに、日頃の日本史学習のまとめや整理に活用し、これからの新課程入試にあたって『スピードマスター日本文化史問題集』で学んだことを存分に発揮し、受験に臨んでほしい。

2024年 2 月

東京都歴史教育研究会

Summary	❶表や年表で体系的な理解をたすけます。 ❷黒色ゴシックで重要用語もわかりやすくなっています。
Speed Check	❸Summaryと同じ構成で効率的に学習ができます。 ❹チェックボックスでふりかえり学習もスムーズにおこなえます。
別冊解答	❺チェックボックスで復習をしやすくしています。 ❻縦に並べることで、答え合わせもしやすくしています。

本書の特色

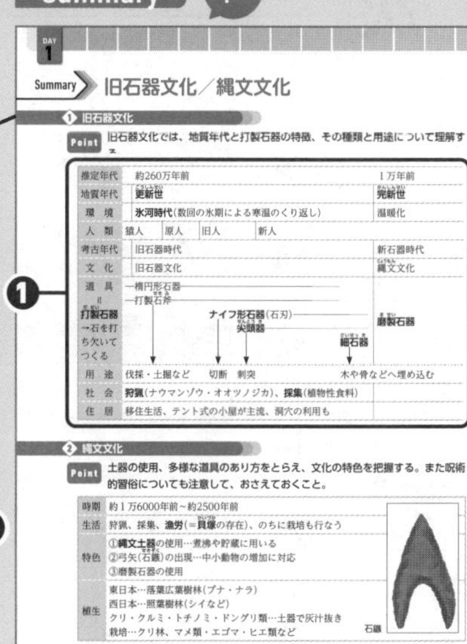
DAY 1

Summary 旧石器文化／縄文文化

① 旧石器文化

Point 旧石器文化では、地質年代と打製石器の特徴、その種類と用途について理解する。

推定年代	約260万年前	1万年前
地質年代	更新世	完新世
環境	氷河時代（数回の氷期による寒暖のくり返し）	温暖化
人類	猿人　原人　旧人　新人	
考古年代	旧石器時代	新石器時代
文化	旧石器文化	縄文文化
道具 打製石器→石を打ち欠いてつくる	楕円形石器　打製石斧　ナイフ形石器（石刃）　尖頭器　細石器	磨製石器
用途	伐採・土掘など　切断　刺突　木や骨などへ埋め込む	
社会	狩猟（ナウマンゾウ・オオツノジカ）、採集（植物性食料）	
住居	移住生活、テント式の小屋が主流、洞穴の利用も	

② 縄文文化

Point 土器の使用、多様な道具のあり方をとらえ、文化の特色を把握する。また呪術的習俗についても注意して、おさえておくこと。

時期	約1万6000年前～約2500年前
生活	狩猟、採集、漁労（＝貝塚の存在）、のちに栽培も行なう
特色	①縄文土器の使用…煮沸や貯蔵に用いる ②弓矢（石鏃）の出現…中小動物の増加に対応 ③磨製石器の使用
植生	東日本…落葉広葉樹林（ブナ・ナラ） 西日本…照葉樹林（シイなど） クリ・クルミ・トチノミ・ドングリ類…土器で灰汁抜き 栽培…クリ林、マメ類・エゴマ・ヒエ類など

石鏃

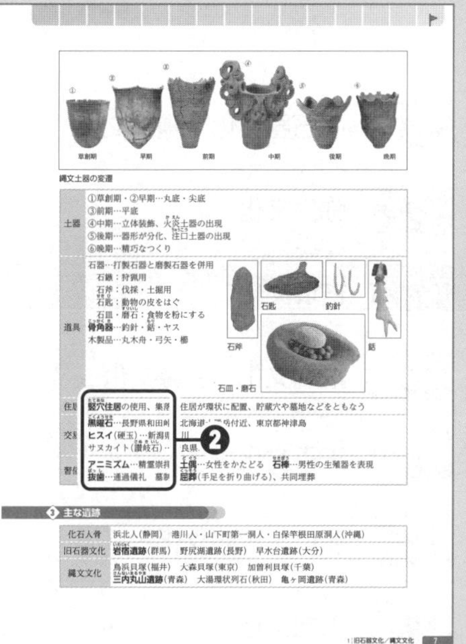
草創期　早期　前期　中期　後期　晩期

縄文土器の変遷

土器	①草創期・②早期…丸底・尖底 ③前期…平底 ④中期…立体装飾、火炎土器の出現 ⑤後期…器形が分化、注口土器の出現 ⑥晩期…精巧なつくり
道具	石器…打製石器と磨製石器を併用 石鏃：狩猟用 石斧：伐採・土掘用 石匙：動物の皮をはぐ 石皿・磨石：食物を粉にする 骨角器…釣針・銛・ヤス 木製品…丸木舟・弓矢・櫂
住居	竪穴住居の使用、集落…住居が環状に配置、貯蔵穴や墓地などをともなう
交易	黒曜石…長野県和田峠…北海道…付近、東京都神津島 ヒスイ（硬玉）…新潟県…川 サヌカイト（讃岐石）…良県
習俗	アニミズム…精霊崇拝…土偶…女性をかたどる　石棒…男性の生殖器を表現 抜歯…通過儀礼　屈葬（手足を折り曲げる）、共同埋葬

石斧　石匙　釣針　銛　石皿・磨石

③ 主な遺跡

化石人骨	浜北人（静岡）　港川人・山下町第一洞人・白保竿根田原洞人（沖縄）
旧石器文化	岩宿遺跡（群馬）　野尻湖遺跡（長野）　早水台遺跡（大分）
縄文文化	鳥浜貝塚（福井）　大森貝塚（東京）　加曽利貝塚（千葉） 三内丸山遺跡（青森）　大湯環状列石（秋田）　亀ヶ岡遺跡（青森）

6　　1｜旧石器文化／縄文文化　7

Speed Check　Output!

DAY 1

Speed Check! 旧石器文化／縄文文化

① 旧石器文化

□ 人類は地質学でいう新第三紀の中新世の終わり近くから第四紀を通じて発展した。第四紀の約260万年前からの時期を［1　］といい、氷期があったことから［2　］とも呼ばれ、氷期には海面が現在と比べると著しく下降した。

□ 氷期の日本はアジア大陸北東部と陸続きで、北からは［3　］やヘラジカ、南からは［4　］やオオツノジカなどの大型動物がやってきた。

□ 人類最初の道具は、石を打ち欠いただけの［5　］であった。［5　］のみを用いた時代を［6　］時代という。

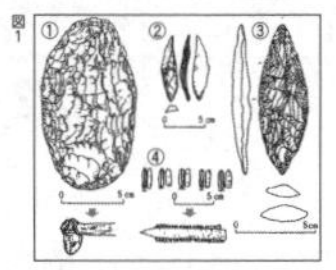

□ この時代の人々は、［7　］と植物性食料の採集生活を送っていた。

□ 石器の種類には、伐採・土掘などに用いる図1-①の［8　］、切断に用いる図1-②の［9　］、刺突用に石槍として用いる図1-③の［10　］などがある。終末期には図1-④のように小型で組合せ式の［11　］が出現した。

② 縄文文化

□ 今から約1万年余り前からは地質学上では［12　］と呼ばれ、気候が温暖化して海水面が上昇するとほぼ現在に近い日本列島が成立した。

□ 日本列島の人々の生活も変化して［13　］文化が成立した。狩猟の道具では［14　］が発明され、石を磨いて仕上げた［15　］が多く出現した。［15　］を用いた時代を［16　］時代という。

□ この時代には、食物を煮沸したり、ものを貯蔵する［17　］が出現した。この表面には縄（撚糸）を転がしてつけた文様をもつことが多いので、［18　］と呼ばれている。これらの形態の変化から、この時代を［19　］つの時期に区分している。

□ 食料獲得の手段には、狩猟・植物性食料の採集・［20　］などがあった。入江が多いことを背景に［20　］が発達し、食べた貝の貝殻などを捨てたものがたい積した［21　］が数多く残っている。

□ 道具類は多種多様に発達し、狩猟用の矢じりとしての［22　］、動物の皮をはぐための［23　］、土掘りや裁断用の打製石斧、食物をすりつぶすための［24　］・［25　］などがある。

□ 漁に使用する［26　］・銛・ヤスなどは、動物の骨・牙・角でつくられ［27　］と呼ばれる。石錘や土錘の出土もあり、網を使用した漁法も行なわれた。川や湖・海での漁や移動には［28　］がつかわれたとされる。

□ 住居は地面を掘り下げてそのうえに屋根をかけた［29　］で、台地上に10軒程度が中央広場を囲み集落がつくられた。集落には食料を保存するための貯蔵穴群をともなうことがある。

8

別冊解答

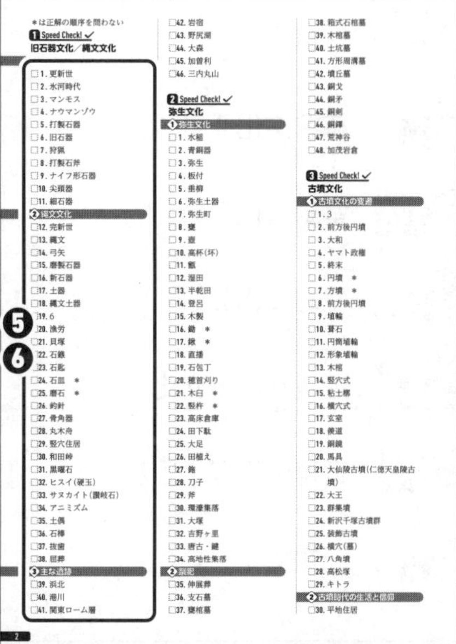
＊は正解の順序を問わない

1 Speed Check! 旧石器文化／縄文文化

□1. 更新世　□2. 氷河時代　□3. マンモス　□4. ナウマンゾウ　□5. 打製石器　□6. 旧石器　□7. 狩猟　□8. 打製石斧　□9. ナイフ形石器　□10. 尖頭器　□11. 細石器

② 縄文文化

□12. 完新世　□13. 縄文　□14. 弓矢　□15. 磨製石器　□16. 新石器　□17. 土器　□18. 縄文土器　□19. 6　□20. 漁労　□21. 貝塚　□22. 石鏃　□23. 石匙　□24. 石皿 ＊　□25. 磨石 ＊　□26. 釣針　□27. 骨角器　□28. 丸木舟　□29. 竪穴住居　□30. 和田峠　□31. 黒曜石　□32. ヒスイ（硬玉）　□33. サヌカイト（讃岐石）　□34. アニミズム　□35. 土偶　□36. 石棒　□37. 抜歯　□38. 屈葬

③ 主な遺跡

□39. 浜北　□40. 港川　□41. 関東ローム層　□42. 岩宿　□43. 野尻湖　□44. 大森　□45. 加曽利　□46. 三内丸山

2 Speed Check! 弥生文化

① 弥生文化

□1. 水稲　□2. 青銅器　□3. 弥生　□4. 板付　□5. 垂柳　□6. 弥生土器　□7. 弥生町　□8. 甕　□9. 壺　□10. 高杯（坏）　□11. 甑　□12. 湿田　□13. 手乾田　□14. 登呂　□15. 木製　□16. 鋤 ＊　□17. 鍬 ＊　□18. 直播　□19. 石包丁　□20. 穂首刈り　□21. 木臼 ＊　□22. 竪杵 ＊　□23. 高床倉庫　□24. 田下駄　□25. 大足　□26. 田植え　□27. 鉋　□28. 刀子　□29. 斧　□30. 環濠集落　□31. 大塚　□32. 吉野ヶ里　□33. 唐古・鍵　□34. 高地性集落

② 祭祀

□35. 伸展葬　□36. 支石墓　□37. 甕棺墓　□38. 箱式石棺墓　□39. 木棺墓　□40. 土坑墓　□41. 方形周溝墓　□42. 墳丘墓　□43. 銅戈　□44. 銅矛　□45. 銅剣　□46. 銅鐸　□47. 荒神谷　□48. 加茂岩倉

3 Speed Check! 古墳文化

① 古墳文化の変遷

□1. 3　□2. 前方後円墳　□3. 大和　□4. ヤマト政権　□5. 終末　□6. 円墳 ＊　□7. 方墳 ＊　□8. 前方後円墳　□9. 埴輪　□10. 葺石　□11. 円筒埴輪　□12. 形象埴輪　□13. 木棺　□14. 竪穴式　□15. 粘土槨　□16. 横穴式　□17. 玄室　□18. 羨道　□19. 銅鏡　□20. 馬具　□21. 大仙陵古墳（仁徳天皇陵古墳）　□22. 大王　□23. 群集墳　□24. 新沢千塚古墳群　□25. 装飾古墳　□26. 横穴（墓）　□27. 八角墳　□28. 高松塚　□29. キトラ

② 古墳時代の生活と信仰

□30. 平地住居

2

目次

DAY 1 旧石器文化／縄文文化 6 ／ ／

DAY 2 弥生文化 10 ／ ／

DAY 3 古墳文化 14 ／ ／

DAY 4 飛鳥文化／白鳳文化 18 ／ ／

DAY 5 天平文化 22 ／ ／

DAY 6 弘仁・貞観文化 26 ／ ／

DAY 7 国風文化Ⅰ 30 ／ ／

DAY 8 国風文化Ⅱ／院政期の文化 34 ／ ／

DAY 9 鎌倉文化Ⅰ 38 ／ ／

DAY 10 鎌倉文化Ⅱ 42 ／ ／

DAY 11 室町文化Ⅰ 46 ／ ／

DAY 12 室町文化Ⅱ 50 ／ ／

DAY 13 近世初期の文化 54 ／ ／

DAY 14 近世の学問・思想 58 ／ ／

DAY 15 元禄文化 62 ／ ／

DAY	タイトル	ページ		
DAY 16	宝暦・天明期の文化／化政文化	66	/	/
DAY 17	文明開化と明治の文化Ⅰ	70	/	/
DAY 18	明治の文化Ⅱ	74	/	/
DAY 19	大正の文化	78	/	/
DAY 20	昭和・平成の文化	82	/	/
DAY 21	教育史	86	/	/
DAY 22	芸能・演劇史	90	/	/
DAY 23	宗教史Ⅰ	94	/	/
DAY 24	宗教史Ⅱ	98	/	/
DAY 25	美術史Ⅰ（絵画・彫刻）	102	/	/
DAY 26	美術史Ⅱ（建築・工芸・焼き物）	106	/	/
DAY 27	文学史	110	/	/
DAY 28	史学と儒学	114	/	/
DAY 29	女性史	118	/	/
DAY 30	生活文化史	122	/	/

Summary 旧石器文化／縄文文化

① 旧石器文化

Point 旧石器文化では、地質年代と打製石器の特徴、その種類と用途について理解する。

推定年代	約260万年前	1万年前
地質年代	**更新世**(こうしんせい)	**完新世**(かんしんせい)
環　境	**氷河時代**(数回の氷期による寒温のくり返し)	温暖化
人　類	猿人／原人／旧人／新人	
考古年代	旧石器時代	新石器時代
文　化	旧石器文化	縄文(じょうもん)文化
道　具 ＝ **打製**(だせい)**石器** →石を打ち欠いてつくる	楕円形石器 打製石斧(せきふ) **ナイフ形石器**(石刃) **尖頭器**(せんとうき) **細石器**(さいせっき)	**磨製**(ませい)**石器**
用　途	伐採・土掘など（打製石斧）　切断（ナイフ形石器）　刺突（尖頭器）　木や骨などへ埋め込む（細石器）	
社　会	**狩猟**(ナウマンゾウ・オオツノジカ)、**採集**(植物性食料)	
住　居	移住生活、テント式の小屋が主流、洞穴の利用も	

② 縄文文化

Point 土器の使用、多様な道具のあり方をとらえ、文化の特色を把握する。また呪術的習俗についても注意して、おさえておくこと。

時期	約1万6000年前～約2500年前
生活	狩猟、採集、**漁労**(＝**貝塚**(かいづか)の存在)、のちに栽培も行なう
特色	①**縄文土器**の使用…煮沸や貯蔵に用いる ②弓矢(石鏃(せきぞく))の出現…中小動物の増加に対応 ③磨製石器の使用
植生	東日本…落葉広葉樹林(ブナ・ナラ) 西日本…照葉樹林(シイなど) クリ・クルミ・トチノミ・ドングリ類…土器で灰汁抜き 栽培…クリ林、マメ類・エゴマ・ヒエ類など

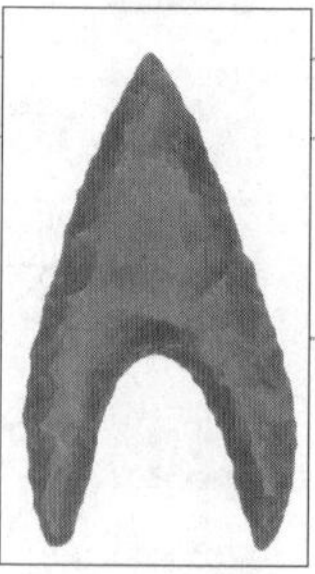
石鏃

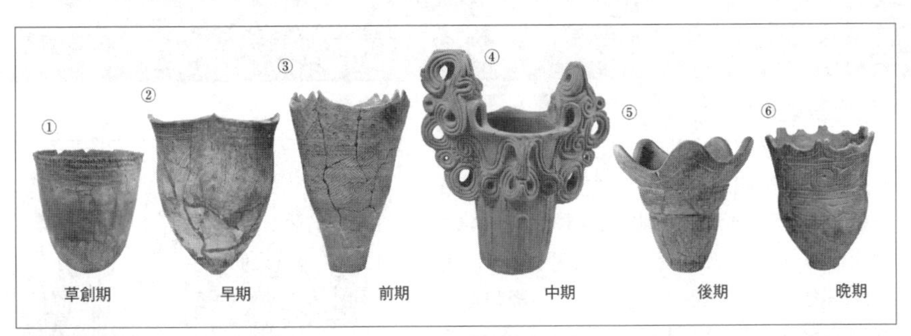

縄文土器の変遷

土器	①草創期・②早期…丸底・尖底 ③前期…平底 ④中期…立体装飾、火炎土器の出現 ⑤後期…器形が分化、注口土器の出現 ⑥晩期…精巧なつくり
道具	石器…打製石器と磨製石器を併用 石鏃：狩猟用 石斧：伐採・土掘用 石匙：動物の皮をはぐ 石皿・磨石：食物を粉にする **骨角器**…釣針・銛・ヤス 木製品…丸木舟・弓矢・櫛 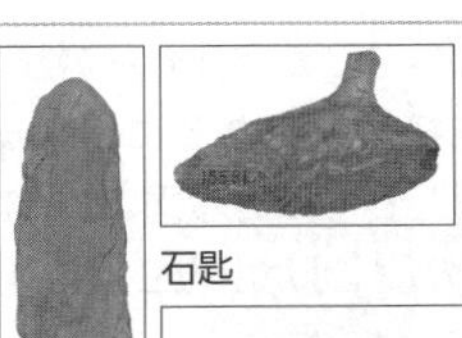 石斧 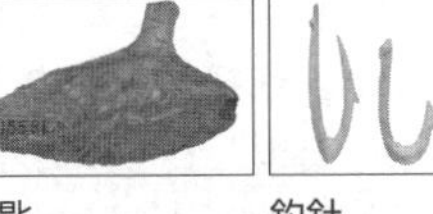 石匙　釣針  銛 石皿・磨石
住居	**竪穴住居**の使用、集落は住居が環状に配置、貯蔵穴や墓地などをともなう
交易	**黒曜石**…長野県和田峠、北海道十勝岳付近、東京都神津島 **ヒスイ**(硬玉)…新潟県姫川 サヌカイト(讃岐石)…奈良県二上山
習俗	**アニミズム**…精霊崇拝　**土偶**…女性をかたどる　**石棒**…男性の生殖器を表現 **抜歯**…通過儀礼　墓制…**屈葬**(手足を折り曲げる)、共同埋葬

3 主な遺跡

化石人骨	浜北人(静岡)　港川人・山下町第一洞人・白保竿根田原洞人(沖縄)
旧石器文化	**岩宿遺跡**(群馬)　野尻湖遺跡(長野)　早水台遺跡(大分)
縄文文化	鳥浜貝塚(福井)　大森貝塚(東京)　加曽利貝塚(千葉) **三内丸山遺跡**(青森)　大湯環状列石(秋田)　亀ヶ岡遺跡(青森)

Speed Check! 旧石器文化／縄文文化

❶ 旧石器文化

☐ ①人類は地質学でいう新第三紀の中新世の終わり近くから第四紀を通じて発展した。第四紀の約260万年前からの時期を〔1 〕といい、氷期があったことから〔2 〕とも呼ばれ、氷期には海面が現在と比べると著しく下降した。

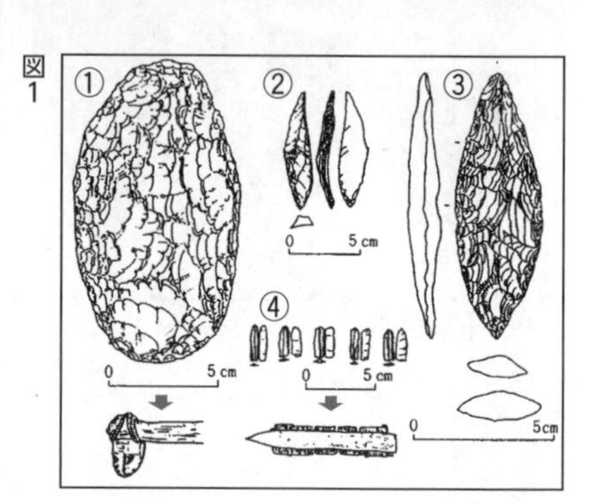

☐ ②氷期の日本はアジア大陸北東部と陸続きで、北からは〔3 〕やヘラジカ、南からは〔4 〕やオオツノジカなどの大型動物がやってきた。

☐ ③人類最初の道具は、石を打ち欠いただけの〔5 〕であった。〔5 〕のみを用いた時代を〔6 〕時代という。

☐ ④この時代の人々は、〔7 〕と植物性食料の採集生活を送っていた。

☐ ⑤石器の種類には、伐採・土掘などに用いる図1-①の〔8 〕、切断に用いる図1-②の〔9 〕、刺突用に石槍として用いる図1-③の〔10 〕などがある。終末期には図1-④のように小型で組合せ式の〔11 〕が出現した。

❷ 縄文文化

☐ ①今から約1万年余り前からは地質学上では〔12 〕と呼ばれ、気候が温暖化して海水面が上昇するとほぼ現在に近い日本列島が成立した。

☐ ②日本列島の人々の生活も変化して〔13 〕文化が成立した。狩猟の道具では〔14 〕が発明され、石を磨いて仕上げた〔15 〕が多く出現した。〔15 〕を用いた時代を〔16 〕時代という。

☐ ③この時代には、食物を煮沸したり、ものを貯蔵する〔17 〕が出現した。この表面には縄(撚糸(よりいと))を転がしてつけた文様をもつことが多いので、〔18 〕と呼ばれている。これらの形態の変化から、この時代を〔19 〕つの時期に区分している。

☐ ④食料獲得の手段には、狩猟・植物性食料の採集・〔20 〕などがあった。入江が多いことを背景に〔20 〕が発達し、食べた貝の貝殻などを捨てたものがたい積した〔21 〕が数多く残っている。

☐ ⑤道具類は多種多様に発達し、狩猟用の矢じりとしての〔22 〕、動物の皮をはぐための〔23 〕、土掘りや裁断用の打製石斧、食物をすりつぶすための〔24 〕・〔25 〕などがある。

☐ ⑥漁に使用する〔26 〕・銛・ヤスなどは、動物の骨・牙・角でつくられ〔27 〕と呼ばれる。石錘(せきすい)や土錘(どすい)の出土もあり、網を使用した漁法も行なわれた。川や湖・海での漁や移動には〔28 〕がつかわれたとされる。

☐ ⑦住居は地面を掘り下げてそのうえに屋根をかけた〔29 〕で、台地上に10軒程度が中央広場を囲み集落がつくられた。集落には食料を保存するための貯蔵穴群をともなうことがある。

⑧この時代は集落間で物々交換が行なわれ、長野県[30]や北海道十勝岳付近、東京都神津島などで産出する[31]のほかに、新潟県姫川流域で産出する[32]や奈良県二上山で産出する[33]などが、かなり広い地域から出土している。

⑨人々はあらゆる自然現象や自然物に霊魂が存在している[34]という考えをもち、呪術によって災いを避け、獲物の増加を祈った。

図2

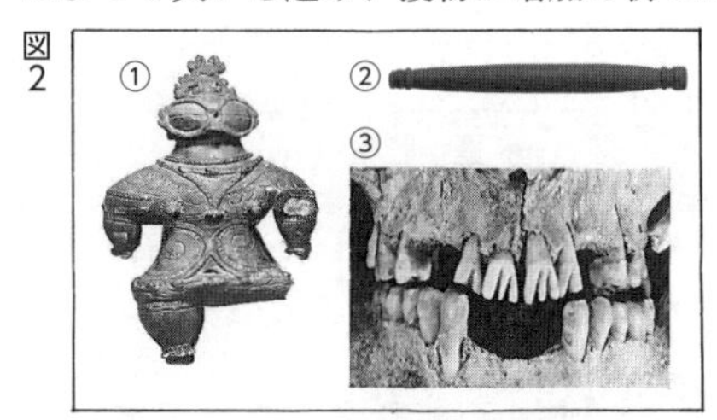

図3

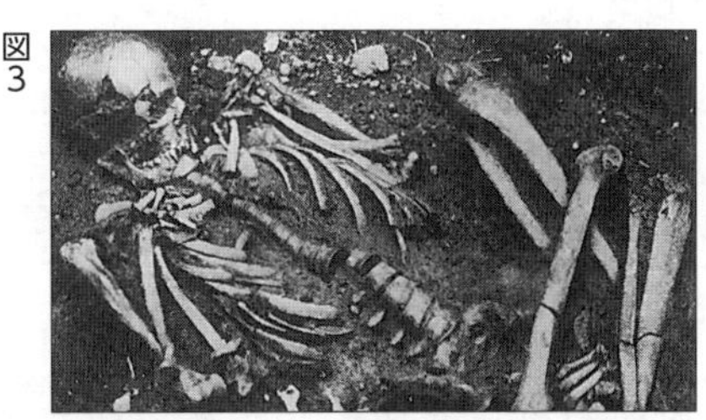

⑩呪術の習俗を示す遺物に、女性をかたどった図2-①の[35]、男性の生殖器を表現したと思われる図2-②の[36]などがある。通過儀礼としては、図2-③にみられる[37]の風習や呪術者などが行なったと考えられている叉状研歯(さじょうけんし)もある。死者はていねいに葬られ、多くは図3のように[38]が行なわれた。

3 主な遺跡

①更新世の化石人骨の出土例として示した図4-①の[39]人・②の[40]人や山下町第一洞人などは、いずれも新人段階のものである。

図4

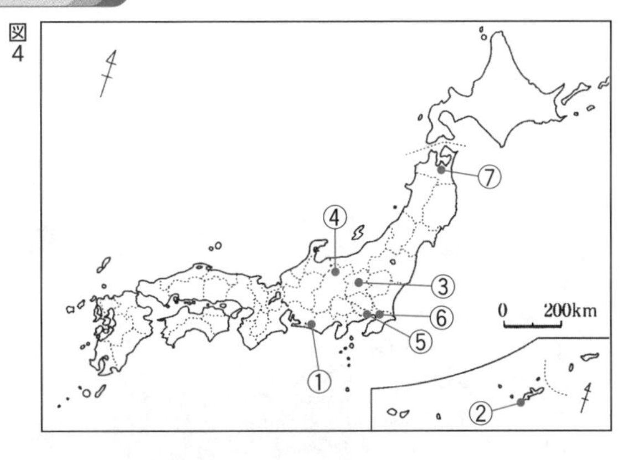

②1946年に相沢忠洋によって更新世にたい積した[41]の中から石器が発見され、その後、③の[42]遺跡の調査により旧石器文化の存在が明らかになった。④の[43]遺跡では、ナウマンゾウの化石が石器・骨角器とともに出土した。

③縄文時代の研究はアメリカ人モースによる⑤の[44]貝塚の調査がはじまりである。その他の縄文時代の遺跡は、東京湾岸にある最大の貝塚である⑥の[45]貝塚、大型竪穴建物が発見されて植物栽培も行なわれていたとされる⑦の[46]遺跡などがある。

Summary 弥生文化

① 弥生文化

Point 水稲耕作、金属器の使用と弥生土器の使用を中心に、文化の特色を把握する。

1 特色

時期	紀元前4世紀頃〜紀元3世紀中頃
特色	①**水稲耕作**を基礎とする ②**金属器**の使用…**青銅器**(銅と錫の合金)と**鉄器** ③磨製石器、機織り技術 ④**弥生土器**の使用…機能に応じて用いる →**壺**：貯蔵用 →**甕**：煮炊き用 →鉢・**高杯**(坏)：盛り付け用 →甑：蒸す 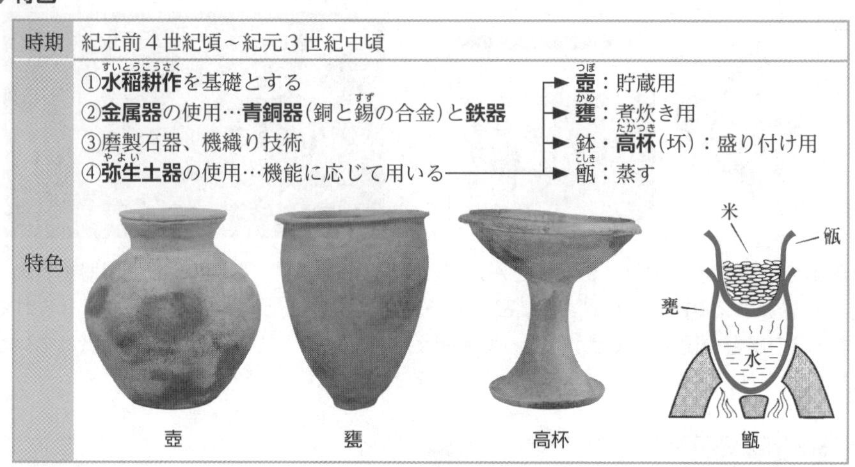 壺　甕　高杯　甑

2 農耕生活

水田	湿田・半乾田…小区画の田で灌漑・排水用の水路もみられる
農具	木製農具(鍬・鋤)→鉄製農具 田下駄 大足…肥料を踏み込む えぶり…水田をならす
農具製作	磨製石器→鉄製工具(斧・鉇・刀子)
播種	直播、田植えも行なわれる
収穫	石包丁で穂首刈り
脱穀	木臼・竪杵
保管	**高床倉庫**・貯蔵穴 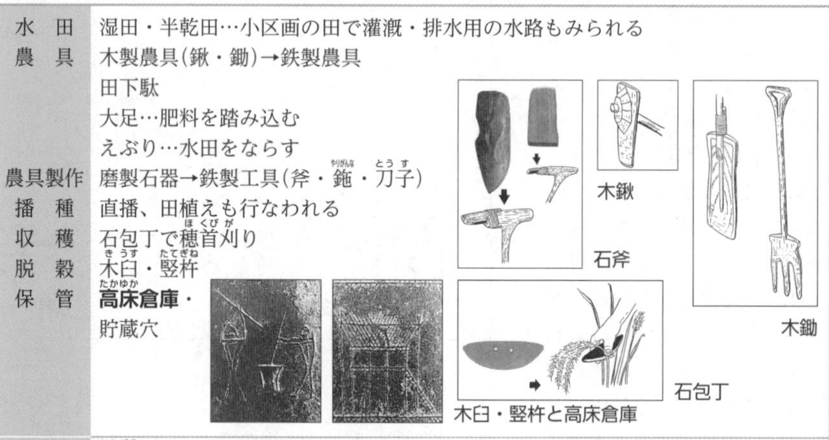 石斧　木鍬　木鋤　石包丁　木臼・竪杵と高床倉庫
集落	**環濠集落** 集落の周囲に深い濠や土塁をめぐらす、全国各地に分布する 高地性集落 海抜100m をこえる山頂・丘陵上にいとなまれた軍事的・防衛的なもの

② 祭祀

Point 墓制や青銅製祭器を通して、社会の特色をとらえる。墓制・青銅製祭器ともに形態まで頭に入れておくこと。

1 墓制

墓制	**伸展葬**（しんてんそう）が多い…死体の四肢をのばして葬る
種類	土坑墓…地表面を掘りくぼめて葬る、もっとも普及した形態 木棺墓…木をくり抜くか組み合わせてつくる 箱式石棺墓…扁平な板石を長い箱形に組み合わせ、同様な板石でふたをする **甕棺墓**（かめかんぼ）…大きな土器を組み合わせて中に死者を葬る **支石墓**（しせきぼ）…数個の石の支柱を立て、そのうえに平石をのせる。九州北部を中心に分布 **方形周溝墓**（ほうけいしゅうこうぼ）…方形の低い墳丘の周囲に溝をめぐらす **墳丘墓**（ふんきゅうぼ）…盛土をして墓域を画した墳丘をもつ墓 **楯築墳丘墓**（たてつき）…円形墳丘の両側に突出部をもつ、墳丘上には巨石を配置 **四隅突出型墳丘墓**（よすみとっしゅつがた）…墳丘の四隅に突出部をもつ、山陰・北陸地方に分布

木棺墓

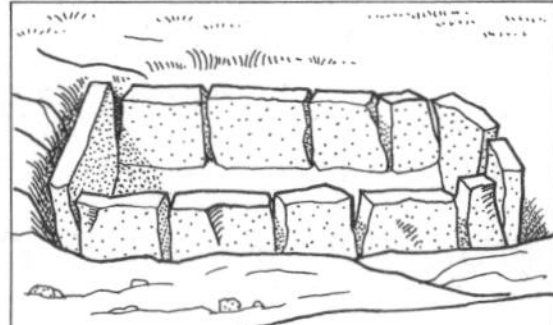
箱式石棺墓

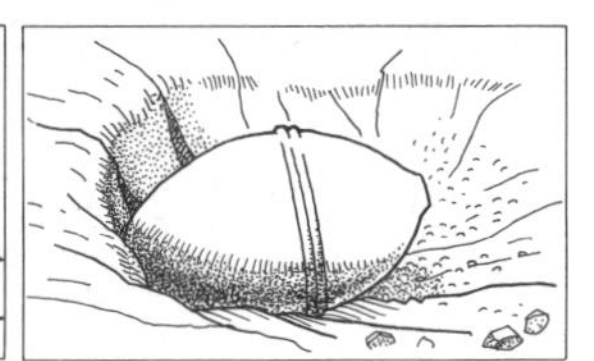
甕棺墓

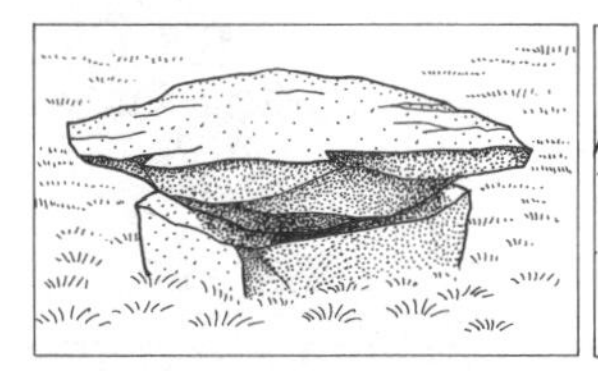
支石墓

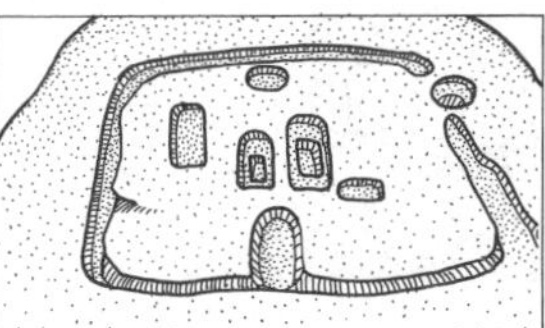
方形周溝墓

墳丘墓

2 青銅製祭器…豊かな収穫の祈願・感謝

種類	形　態	分　布
①**銅矛**（どうほこ）	柄を下方の空洞部にさす	九州北部
②**銅戈**（どうか）	柄を刃に直角につける	九州北部
③**銅剣**（どうけん）	柄を下方の突出部にさす	平形：瀬戸内海沿岸 細形：九州北部
④**銅鐸**（どうたく）	釣鐘形	近畿地方

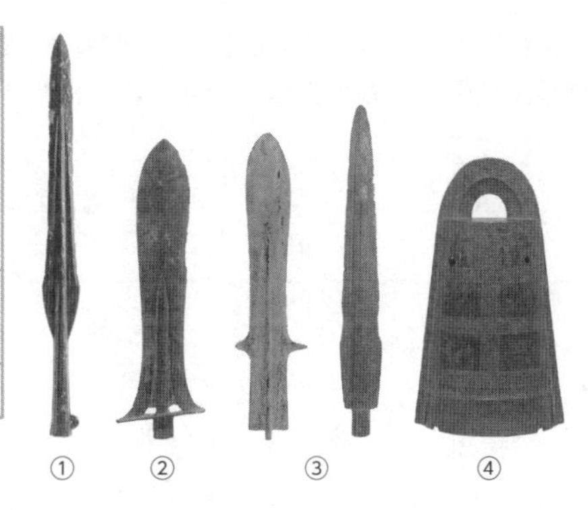
①　②　③　④

Speed Check! 弥生文化

❶ 弥生文化

□ ①縄文時代の終末になると、大陸からの文化が日本へ伝播し、〔1 〕耕作を基礎とし、銅と錫の合金である〔2 〕や鉄器など、金属器の使用を特色とする〔3 〕文化が成立した。

□ ②佐賀県菜畑遺跡や福岡県〔4 〕遺跡の調査により、西日本各地では縄文時代晩期に水稲耕作がはじまっていたとされる。これはしだいに全国へ拡大し、青森県まで達した。代表的な遺跡として砂沢遺跡や〔5 〕遺跡がある。

□ ③この時代の土器を〔6 〕という。名称の由来は、東京の本郷〔7 〕の向ヶ岡貝塚で最初に発見されたことによる。種類は煮炊き用の〔8 〕、貯蔵用の〔9 〕、食物を盛り付ける鉢や〔10 〕、食物を蒸すための〔11 〕など、機能に応じて用いられた。

□ ④この時代の水田は、三角州などに立地する〔12 〕や、自然堤防や段丘上に立地する〔13 〕など多様だった。静岡県の〔14 〕遺跡では、畦畔(けいはん)・水路・水田跡が発掘された。

□ ⑤道具は当初、磨製石器で製作された〔15 〕農具が多くを占めた。農具には、土掘りや耕作用の〔16 〕や〔17 〕などがあり、後期には鉄製の刃先をもつものが登場した。

□ ⑥籾は〔18 〕だけではなく、田植えも行なわれており、収穫は〔19 〕により〔20 〕が行なわれた。脱穀には〔21 〕と〔22 〕が用いられた。

□ ⑦生産力が上昇すると余剰収穫物もうまれ、それらは貯蔵穴や図1の〔23 〕に収納され保管された。

□ ⑧図2は低湿地の深田においての農作業で足の沈下を防ぐための〔24 〕、図3は肥料を踏み込んで苗代をつくるために用いる〔25 〕で、〔26 〕がはじまっていたことを示す。

図1

図2

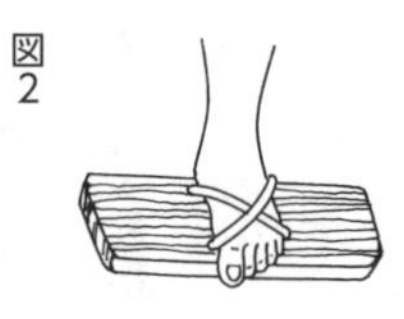

図3

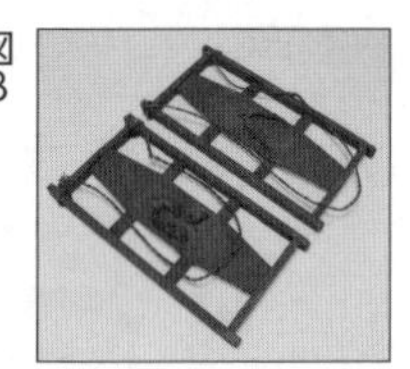

□ ⑨後期には鉄製工具が使用され、図4-①は木材の表面を滑らかに削る〔27 〕、図4-②は携帯用の小型の刀である〔28 〕、図4-③は伐採・切断用の〔29 〕である。

□ ⑩集落は図5・6のように周囲に深い濠や土塁を設ける例が多く、〔30 〕と呼ばれる。図

図4

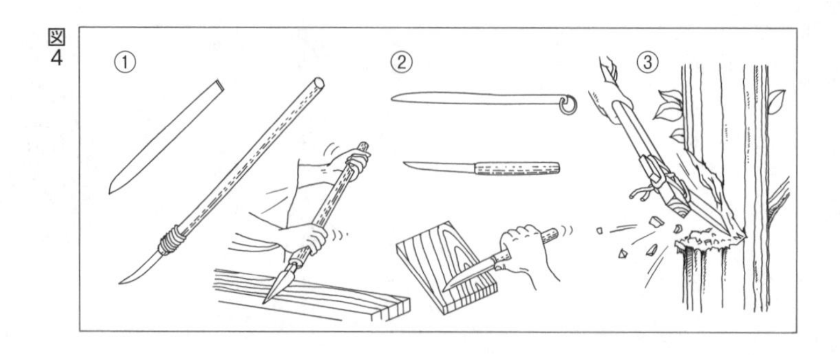

図5

図6

5は神奈川県[31　]遺跡で、図6は内外二重の濠があり、望楼(ぼうろう)と思われる掘立柱の建物がある佐賀県[32　]遺跡である。奈良県[33　]遺跡は日本最大級の規模である。

☐ ⑪瀬戸内海沿岸を中心とする西日本では、海抜100m をこえる日常の生活に不便な山頂・丘陵上に[34　]と呼ばれる軍事的・防衛的な性格をもつ集落が出現する。

2 祭祀

☐ ①埋葬方法は前代の屈葬より、死者の両足をのばして葬る[35　]が増加した。

☐ ②埋葬形態では、九州北部で地上に大石を配した[36　]や、２つの土器を合わせたものや１つだけの土器の中に死者を葬り、石でふたをする[37　]がみられた。

☐ ③西日本では、平らな板石を組み合わせて同様な板石でふたをする[38　]や、木をくり抜くか組み合わせてつくる[39　]がみられた。

☐ ④もっとも一般的な形態は、地表面を掘りくぼめて葬る[40　]である。

☐ ⑤方形の低い墳丘のまわりに溝をめぐらせた[41　]は、家族墓的性格があったらしい。

☐ ⑥弥生時代中期から西日本で盛土をして墓域を画した[42　]が出現した。墓には多量の副葬品をもつことがあり、各地に強力な支配者が出現したことを示している。

図7

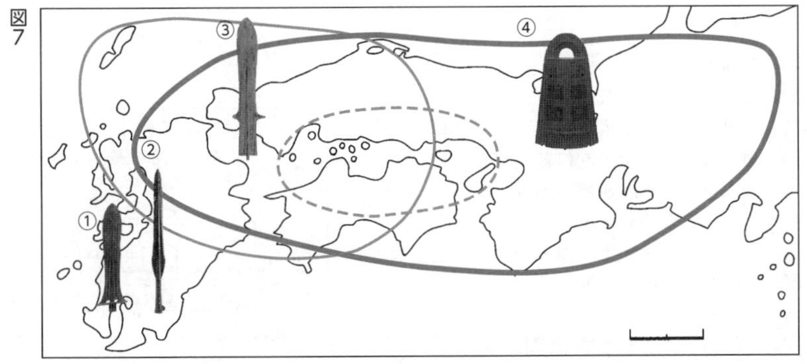

☐ ⑦図7について、青銅製祭器は九州北部を中心に①の[43　]や②の[44　]、瀬戸内海沿岸を中心に③の平形[45　]、近畿地方を中心に④の[46　]が分布した。

☐ ⑧1984～85年に島根県[47　]遺跡で358本の銅剣、６個の銅鐸、16本の銅矛が出土した。1996年に同県[48　]遺跡で39個の銅鐸が出土した。

Summary 古墳文化

1 古墳文化の変遷

Point 前期・中期・後期・終末期に区分して整理し、それぞれの特色をまとめて違いをおさえる。写真や図版などで遺構や遺物を確認する。

1 前期（3世紀中頃～4世紀後半）

分布	近畿・瀬戸内海沿岸
立地	丘陵・台地上に多い
形状	**前方後円墳**（ぜんぽうこうえんふん）・円墳・方墳・前方後方墳
埋葬	**竪穴式石室**（たてあな）、**粘土槨**（ねんどかく）、木棺または石棺
副葬品	呪術的・宗教的色彩が強い 銅鏡（**三角縁神獣鏡**（さんかくぶちしんじゅうきょう））、玉、碧玉製腕輪形（へきぎょく） 石製品、銅剣、鉄製の武具・農工具
埴輪	**円筒埴輪**（えんとうはにわ）が中心、家形埴輪・器財埴輪
遺跡	箸墓古墳（奈良）

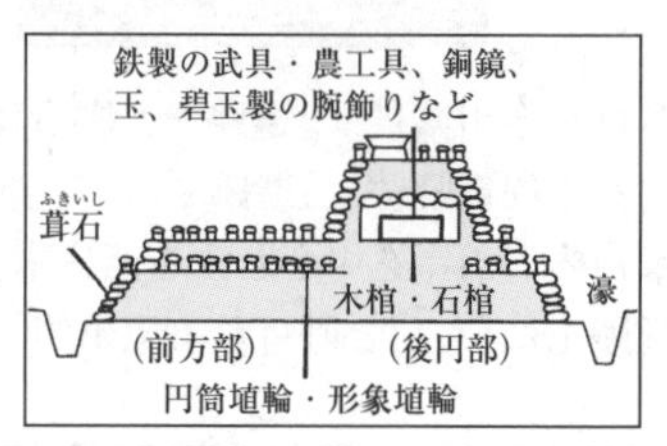

竪穴式石室

2 中期（4世紀末～5世紀末）

分布	全国各地に拡大
立地	平野に築かれる
形状	前方後円墳が大規模化→近畿に**大王**（おおきみ）の墓が出現
埋葬	竪穴式石室、九州北部で**横穴式石室**（よこあな）の出現
副葬品	武人的性格　刀剣・甲冑などの武具や馬具、冠、金銅製装身具
埴輪	**形象埴輪**（けいしょう）（人物・動物・家形・器財など）が中心
遺跡	**大仙陵古墳**（だいせんりょう）（仁徳天皇陵古墳、大阪）　誉田御廟山古墳（応神天皇陵古墳、大阪） 五色塚古墳（兵庫）　造山古墳（岡山）

3 後期（6世紀～7世紀）

分布	全国各地
立地	山間部にも築かれる
形状	円墳が多い、規模が縮小する、**群集墳**（ぐんしゅうふん）の増加
埋葬	横穴式石室が全国的に普及 横穴（墓）、**装飾古墳**（そうしょく）の出現
副葬品	有力農民の台頭を示す 武具・馬具・土師器・須恵器・農具など
埴輪	円筒埴輪・形象埴輪
遺跡	藤ノ木古墳（奈良） 装飾古墳：竹原古墳（福岡） 群集墳：新沢千塚古墳群（奈良）、岩橋千塚古墳群（和歌山）

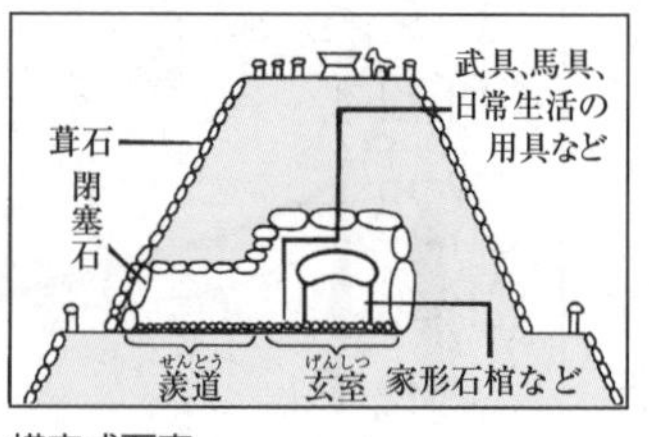

横穴式石室

4 終末期（7世紀以降）

形状	豪族層…前方後円墳の造営停止→大型の円墳・方墳　大王墓…**八角墳**（はっかくふん）
遺跡	八角墳：牽牛子塚古墳（奈良）、野口王墓古墳（天武・持統合葬陵、奈良） 壁画古墳：キトラ古墳（奈良）、高松塚古墳（奈良）　地方：龍角寺岩屋古墳（千葉）

2 古墳時代の生活と信仰

Point 生活では土器の変容、信仰では儀礼・習俗について注目し、その意味を理解する。

生活	住居	豪族の居館(濠や柵) 民族の集落 　平地住居…掘立柱建物で平面は方形 　竪穴住居…内部にカマドを設置
	土器	**土師器**…弥生土器の系譜を引く、赤褐色 **須恵器**…５世紀に朝鮮半島からの製作技術によりのぼり窯で焼成､硬質で灰色
儀礼		**祈年の祭り**…春に五穀豊穣を祈る祭り **新嘗の祭り**…秋に収穫を感謝する祭り
習俗		**禊**…清浄な海川の中に入り、身についたけがれを落とし清める **祓**…災厄や罪悪、けがれなどをはらう **太占の法**…鹿の肩甲骨を焼いて、その割れ具合で今後の吉凶を占う **盟神探湯**…熱湯に手を入れて、ただれの有無で真偽を確かめる
祭祀	自然神の信仰	…整った形の山や高い樹木、巨大な岩、絶海の孤島、川の淵 奈良県三輪山→大神神社　福岡県沖ノ島→宗像大社沖津宮
	神社の造営	伊勢神宮(三重)…大王家の祖先神の天照大神を祀る、神明造 出雲大社(島根)…国譲り神話の大国主神を祀る、大社造 住吉大社(大阪)…住吉３海神を祀る、航海の守護神、住吉造

3 渡来人と大陸文化

Point 大陸文化の伝播を大きく漢字・儒教・仏教に分類して理解する。特に漢字の使用例は遺物・文字・年代に注目。

渡来人の伝承	**王仁**…西文氏の祖　**阿知使主**…東漢氏の祖　**弓月君**…秦氏の祖
技術者集団	韓鍛冶部…冶金　陶作部…須恵器　錦織部…高級織物　鞍作部…木工･彫金
漢字の伝来	石上神宮七支刀(奈良)…369年 **江田船山古墳出土鉄刀**(熊本)　｝獲加多支鹵大王 **稲荷山古墳出土鉄剣**(埼玉)…471年？　｝獲加多支鹵大王 隅田八幡神社人物画像鏡(和歌山)…503年説が有力 ※史部…漢字を用いてヤマト政権の記録や出納・文書作成に従事
儒教の伝来	百済より**五経博士**が来日(６世紀)
仏教の伝来	百済の聖明王(聖王、明王)が欽明天皇に仏像・経論を伝える 　538年説…『上宮聖徳法王帝説』 　552年説…『日本書紀』
その他	医・易・暦博士来日、「**帝紀**」「**旧辞**」の編纂

Speed Check! 古墳文化

❶ 古墳文化の変遷

☐ ①〔1　〕世紀中頃から、大規模な〔2　〕をはじめとする古墳が西日本を中心に出現した。

☐ ②出現期の古墳の中でもっとも規模が大きいものは、〔3　〕地方に集中する。この時期の政治的な連合を〔4　〕という。

☐ ③古墳文化は前期・中期・後期の３期に区分されるが、７世紀以降を〔5　〕期として区分することもある。

☐ ④古墳には様々な墳形がみられる。数が多いのは〔6　〕や〔7　〕であるが、大規模な古墳はいずれも〔8　〕であり、もっとも重要と考えられた墳形であった。

☐ ⑤古墳の墳丘上には〔9　〕が並べられ、斜面は〔10　〕でおおわれた。〔9　〕は、前期には墳丘の土止め、もしくは墓域を明示するためにつくられた図１の〔11　〕が、中期以降には図２のような器財・人物・動物などの〔12　〕がさかんに用いられるようになった。

図1

図2

☐ ⑥埋葬施設は、前期・中期には〔13　〕や石棺を〔14　〕石室におさめたもの、棺を粘土でおおった〔15　〕などがいとなまれた。中期に出現した〔16　〕石室は、後期以降に多くなる。

☐ ⑦横穴式石室において、遺体を安置する墓室を〔17　〕といい、入口から〔17　〕までの通路は〔18　〕と呼ばれる。

☐ ⑧副葬品は、前期には多量の〔19　〕、碧玉製の腕輪形石製品など呪術的・宗教的色彩の強いものが多い。中期になると武器・武具の占める割合が高くなり、〔20　〕なども加わって、被葬者の武人的性格が強まったことを示している。

図3

図4

☐ ⑨中期になると古墳の規模は拡大するが、最大のものは図３にある大阪府の〔21　〕で、５世紀のヤマト政権の盟主、すなわち〔22　〕の墓と考えられる。

☐ ⑩後期には、図４のように一定地域内で小規模な円墳などの古墳が多数構築され、〔23　〕と呼ばれている。これは有力農民層が台頭したことを示すものと考えられる。奈良県の〔24　〕はその有名な遺跡である。

☐ ⑪九州北部では、後期に墓室内に彩色あるいは線刻された壁画をもつ〔25　〕がみられるようになった。一方、墓室を丘陵や山の斜面に掘り込んだ〔26　〕が各地に出現した。

☐ ⑫終末期には、豪族層は前方後円墳にかわって大型の方墳や円墳をつくるようになり、７

世紀中頃になると、近畿地方では大王墓として[27]がつくられるようになった。

☐ ⑬1972年に極彩色の女子群像・男子群像などの壁画が発見された[28]古墳は終末期の円墳で、四神図や精密な天文図などが発見された[29]古墳は、それよりやや早い時期の造営と考えられている。

❷ 古墳時代の生活と信仰

☐ ①古墳時代の住居は、竪穴住居のほかに[30]がみられた。5世紀になると竪穴住居にはつくり付けの[31]がともなうようになる。

☐ ②土器は、前期から中期初めまでは弥生土器の系譜を引く赤焼きの[32]が用いられた。5世紀からは、朝鮮半島から伝えられた製作技術でつくられた[33]も出現した。

☐ ③農耕に関する祭祀では、豊作を祈る春の[34]や収穫を感謝する秋の[35]が特に重要なものであった。

☐ ④習俗では、けがれをはらい、災いを免れるために[36]や[37]、鹿の骨を焼いて吉凶を占う[38]、さらに裁判に際して、熱湯に手を入れさせ、手がただれるかどうかで真偽を判断する[39]などがさかんであった。

☐ ⑤自然神の信仰では、奈良県三輪山を神として祀る[40]や福岡県沖ノ島を神として祀る[41]などがあり、古墳時代以来の祭祀が続いている。

☐ ⑥氏の祖先神を[42]といい、三重県にある[43]は大王家の祖先神である天照大神を祀っている。国譲り神話に登場する大国主神を祀る島根県の[44]、航海の守護神である海神を祀る大阪府の[45]などは、古くからの信仰に由来する神社である。

❸ 渡来人と大陸文化

☐ ①朝鮮半島や中国とさかんに交渉する中で、新しい文化や技術が、主として朝鮮半島からやってきた人々から伝えられた。これらの人々を[46]という。

☐ ②「記紀」に、西文氏の祖先とされる[47]、東漢氏の祖先とされる[48]、[49]の祖先とされる弓月君らの説話が伝えられている。

☐ ③[50]の使用がはじまり、[50]の音(おん)を借りて日本人の名や地名などを書き表すことができるようになった。例として、和歌山県[51]の人物画像鏡の銘文がある。

☐ ④熊本県[52]古墳出土の鉄刀の銘文と埼玉県[53]古墳出土の鉄剣の銘文には「ワカタケル」の文字がみられ、雄略天皇をさすと考えられる。

☐ ⑤6世紀には百済から来た[54]により[55]が伝えられたほか、医・易・暦などの学術も一部に受け入れられた。

☐ ⑥百済の聖明王が欽明天皇に[56]を伝えたとされる。その年代については、『日本書紀』によって[57]年とする説、『[58]』によって[59]年とする説とがある。後者の説が有力である。

☐ ⑦8世紀初めにできた歴史書である『古事記』や『日本書紀』は、大王の系譜をしるした「[60]」や朝廷の伝承・説話をまとめた「[61]」をもとにしている。

Summary 飛鳥文化／白鳳文化

① 飛鳥文化

Point **法隆寺に代表的な遺構・遺品が多いことに注目する。中国南北朝・朝鮮・西域の文化の影響に留意。写真・図版で確認しながら整理する。**

時期	推古天皇の治世(７世紀前半)
特色	①最初の仏教文化　②百済・高句麗・中国南北朝文化の影響　③文化の国際的性格
仏教	氏寺の建立　**飛鳥寺**(法興寺→元興寺)…蘇我氏 百済大寺(→大官大寺)…舒明天皇 **四天王寺・法隆寺**(**斑鳩寺**)…厩戸王(聖徳太子) 広隆寺…秦氏 三宝(仏教)興隆の詔(594)
建築	法隆寺金堂・五重塔・中門・歩廊(回廊)
彫刻	北魏様式…力強く端厳 **法隆寺金堂釈迦三尊像**：**鞍作鳥**の作 **法隆寺夢殿救世観音像**：フェノロサが調査 **飛鳥寺釈迦如来像**：日本最古の現存仏像 南朝(南梁)様式…柔和で丸みがある **広隆寺半跏思惟像** **中宮寺半跏思惟像** **法隆寺百済観音像**  法隆寺金堂釈迦三尊像  法隆寺百済観音像
工芸	**法隆寺玉虫厨子** …飛鳥建築の典型的様式、すぐれた工芸技術 **中宮寺天寿国繡帳** …厩戸王の妃橘大郎女がつくらせる 法隆寺獅子狩文様錦 …モチーフはササン朝ペルシアの影響  法隆寺玉虫厨子  中宮寺天寿国繡帳
絵画	法隆寺玉虫厨子須弥座絵・扉絵…密陀絵や漆絵の技法
その他	法隆寺歩廊などのエンタシスの柱…古代ギリシア建築の影響 忍冬唐草文様 …エジプトでおこり、ギリシア・ペルシアなど西域の影響 **曇徴**…高句麗の僧、彩色・紙・墨の技法をもたらす **観勒**…百済の僧、暦法をもたらす→年月の経過を記録 『天皇記』『国記』の編纂(620)…乙巳の変で大部分を焼失  法隆寺獅子狩文様錦  忍冬唐草文様

❷ 白鳳文化

Point **薬師寺に代表的な遺構・遺品が多いことに注目する。写真・図版で確認しながら、各分野の特色を整理する。**

時期	天武・持統天皇の治世(７世紀後半～８世紀初頭)
特色	①初唐文化の影響　②清新で若々しい　③仏教文化
仏教	国家仏教　官寺…伽藍造営・維持・管理は国家が行なう **大官大寺**(→大安寺)・**薬師寺**
建築	薬師寺東塔…三重塔の各層に裳階が付く 山田寺…蘇我倉山田石川麻呂が建立→のち荒廃
彫刻	**薬師寺金堂薬師三尊像**…中央に薬師如来 脇侍が日光・月光菩薩像 薬師寺東院堂聖観世音菩薩像 法隆寺阿弥陀三尊像 法隆寺夢違観音像 **興福寺仏頭**…もと山田寺本尊の頭部
工芸	法隆寺龍首水瓶…ササン朝ペルシアの要素と中国の伝統
絵画	**法隆寺金堂壁画**…インドのアジャンター壁画との共通性、中国の敦煌石窟壁画の技法 **高松塚古墳壁画**…男女人物群像・四神図が極彩色で描かれ、中国・朝鮮半島の影響 キトラ古墳壁画…四神図・天文図・獣頭人身十二支図
文学	漢詩文…大友皇子・大津皇子・長屋王の作品 和歌…有間皇子・額田王・柿本人麻呂の作品

薬師寺東塔

興福寺仏頭

高松塚古墳壁画

❸ 伽藍配置

Point **寺院内の建造物の名称と役割を理解する。伽藍配置の変遷は、もっとも重要な塔の位置に注目すること。**

〔建造物〕
- 塔…釈迦の骨(仏舎利)をおさめる
- 金堂…仏像を祀る
- 講堂…僧侶が経典を講義したり、修行する場

〔変遷の特色〕
- 飛鳥寺式…塔が中心
- 四天王寺式…塔と金堂が南北一直線
- 法隆寺式…塔と金堂が同格
- 薬師寺式…金堂が中心

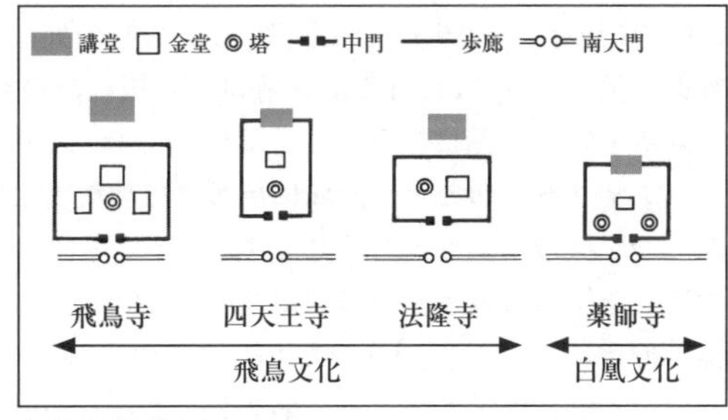

寺院の伽藍配置

Speed Check!

飛鳥文化／白鳳文化

❶ 飛鳥文化

☐ ①6世紀に日本に伝えられた仏教は蘇我氏が政治の実権を握ると急速に発展し、朝廷のおかれた〔[1]　〕を中心に最初の仏教文化がおこった。

☐ ②諸氏は、権威を示すためにきそって〔[2]　〕を建てた。これには、蘇我氏の発願による〔[3]　〕や厩戸王(聖徳太子)の発願によるといわれる四天王寺や〔[4]　〕、〔[5]　〕氏の発願による広隆寺などがある。

☐ ③世界最古の木造建築物は〔[6]　〕である。『日本書紀』には670年に焼失の記事があるため、再建・非再建をめぐる論争があったが、〔[7]　〕伽藍跡の発掘調査により前者の説が有力となった。

図1

図2

図3

☐ ④図1の法隆寺金堂の〔[8]　〕は〔[9]　〕の作である。法隆寺夢殿の〔[10]　〕は秘仏で、フェノロサの調査により解明された。後世の補修はあるが、現存最古の仏像として飛鳥寺の〔[11]　〕がある。いずれも、中国の〔[12]　〕様式の影響である。

☐ ⑤図2の中宮寺や広隆寺の〔[13]　〕や法隆寺の〔[14]　〕などの木像は、中国の南朝(南梁)様式の影響を受けて柔和で丸みがある。

☐ ⑥工芸品では、法隆寺の〔[15]　〕が代表的で須弥座絵や扉絵を有し、建築・工芸・絵画の技術が集約される。中宮寺の〔[16]　〕は、厩戸王の妃橘大郎女らがつくらせた。

☐ ⑦法隆寺の〔[17]　〕は、ササン朝ペルシアの円形連続文様の影響がある。また、白鳳文化期のものではあるが〔[18]　〕は、頭部には中国の龍、胴部にはペルシアのペガサスが施されている。

☐ ⑧法隆寺の金堂・中門・歩廊(回廊)などの柱の列は、図3のようにギリシアのパルテノン神殿に用いられている〔[19]　〕と呼ばれる技法でつくられている。

☐ ⑨法隆寺金堂の天蓋(てんがい)に施されている〔[20]　〕は、スイカズラの葉と蔓(つる)を連続文様にしたもので、エジプトにおこり、西域に伝わり仏教美術と結合して日本に伝来した。

☐ ⑩絵画や工芸は、高句麗の僧〔[21]　〕によって彩色・紙・墨の技法が伝えられるなど、大陸の新しい技術によって飛躍的に発展した。

☐ ⑪百済の僧〔[22]　〕が〔[23]　〕をもたらし、年月の経過を記録することがはじまった。同じ頃、厩戸王と蘇我馬子とがともに編集したとされる歴史書として『〔[24]　〕』と『〔[25]　〕』がある。

❷ 白鳳文化

☐ ①大化改新から平城京遷都頃までの律令国家建設期の清新さを背景とした文化は、孝徳天皇の年号である白雉(はくち)の別名から[26]と呼ばれる。

☐ ②伽藍造営・維持・管理を国家が行なう寺院を[27]という。これには、舒明天皇が建立し、東大寺建立以前には筆頭であった[28]などがある。天武天皇が皇后の病気平癒を祈って藤原京に創建し、平城京遷都とともに移転したのが[29]である。

☐ ③建築の代表は薬師寺[30]である。各層に[31]が付き、六重塔のようにみえる。また、[32]により建立された山田寺は平安時代末期に荒廃したが、1982年に回廊の一部が発掘された。

☐ ④薬師寺金堂の代表的な仏像は[33]で、豊かな体つき、写実的な衣紋などを表現している。同寺東院堂の[34]は技巧にすぐれ、均整のとれた体つきである。また、もと山田寺の薬師三尊像の頭部と推定される[35]は、人間的な若々しさにあふれている。

☐ ⑤図4の[36]は1949年に焼損したが、図5のインド・グプタ朝の[37]壁画や中国の[38]石窟壁画などの技法をとり入れている。

図4

図5

☐ ⑥1972年に奈良県明日香村で発見された[39]の壁画は、7世紀末から8世紀初め頃のものと推定され、石室の内壁に男女人物群像などが極彩色で描かれている。

☐ ⑦古墳時代終末期につくられた[40]では、石室の内壁に四神図が描かれ、天井には精密な天文図が描かれている。

☐ ⑧天智天皇の時代以後、宮廷では漢詩文をつくることがさかんに行なわれた。代表的な文人には、天武天皇の皇子で天皇の死後に謀叛の疑いでとらえられて自殺した[41]がいる。彼の作品は、のちに『[42]』に収録された。

☐ ⑨和歌は漢詩の影響を受けて五音七音を基本とする詩型が定まり、歌人では雄大・荘厳な長歌を残して後世まで歌聖と呼ばれた[43]や、初め大海人皇子の寵愛を受けてのちに天智天皇に召された[44]らがいる。『[45]』に作品が収録されている。

❸ 伽藍配置

☐ ①寺院内の建造物として、釈迦の骨(仏舎利)をおさめるところが[46]、仏像を祀るのが[47]、僧侶が経典を講義したり修行したりする場が[48]である。

☐ ②[49]式は、塔の三方を金堂がとり囲む配置である。

☐ ③[50]式では、金堂の前に塔を建て、南北一直線の配置である。

☐ ④[51]式は、中門からみて西の塔と東の金堂が対称的に並んで建てられており、両者が同格になったことを示している。

☐ ⑤中央に金堂、南に東西両塔が建つ配置が[52]式で、金堂が中心であることを示す。

Summary 天平文化

① 天平文化

Point 建築は、現存する奈良時代の遺構に注意。彫刻は、塑像・乾漆像に区別し、写真などで特徴を確認する。所蔵する寺院もおさえておくこと。

時期	平城京を中心に形成（８世紀）…聖武天皇の時代が最盛期	
特色	①国家仏教の発展が背景→仏教的色彩が濃い ②盛唐文化の影響、国際性豊か	
建築	**唐招提寺**　金堂…天平期の建築 講堂…平城宮朝集殿を移築 東大寺　法華堂（三月堂）…正堂は天平期、礼堂は鎌倉期 転害門…東大寺創建当時の遺構 **正倉院宝庫…校倉造**建築 法隆寺　伝法堂…奈良時代貴族の邸宅遺構 夢殿…八角円堂 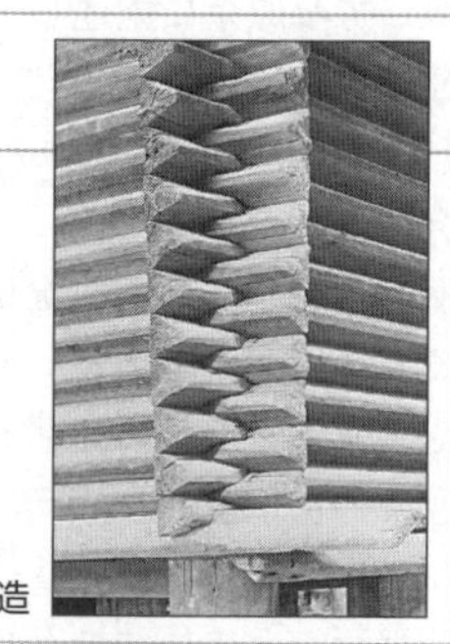 校倉造	
彫刻	**塑像**	**乾漆像**
	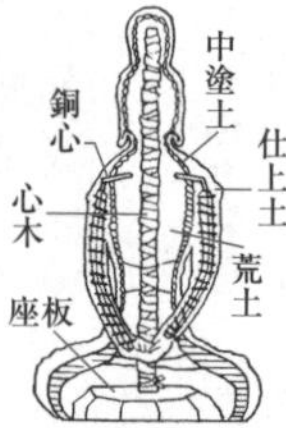  東大寺戒壇堂広目天像 **東大寺日光・月光菩薩像** **東大寺法華堂執金剛神像** 東大寺戒壇堂四天王像 新薬師寺十二神将像	  興福寺阿修羅像 **東大寺法華堂不空羂索観音像** 興福寺八部衆像（**阿修羅像**など） 興福寺十大弟子像（須菩提像など） **唐招提寺鑑真和上像** 聖林寺十一面観音像
工芸 絵画	正倉院宝物…光明皇太后が献納した聖武太上天皇の遺品、大仏開眼供養会用品など **螺鈿紫檀五絃琵琶**、漆胡瓶、白瑠璃碗（東ローマ・西アジアとの関係） **鳥毛立女屏風**（唐衣装をつけた美人図） **薬師寺吉祥天像**…吉祥悔過会本尊画像 **過去現在絵因果経**…のちの絵巻物の源流 法隆寺百万塔…称徳天皇の発願 **百万塔陀羅尼**（現存最古の印刷物） 東大寺大仏殿八角灯籠  百万塔 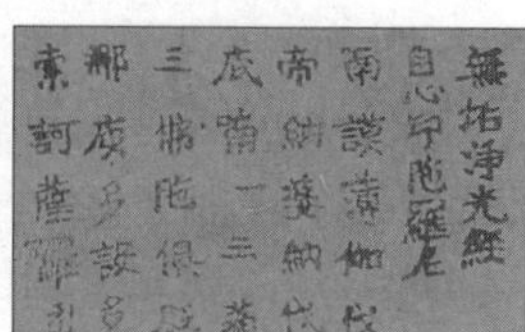 百万塔陀羅尼	

史書	**『古事記』**(712)…神代〜推古朝、**稗田阿礼**が誦習、**太安万侶**(安麻呂)が筆録 **『日本書紀』**(720)…神代〜持統朝、舎人親王が編纂の中心、「**六国史**」の最初 **風土記**(713〜)…諸国の地誌(地名の由来・産物・伝承など) 現存:『出雲国風土記』(完本)、播磨・常陸・肥前・豊後の各国風土記の一部
文学	漢詩文　淡海三船…『唐大和上東征伝』撰　石上宅嗣…芸亭を開設 **『懐風藻』**…現存最古の漢詩集、大友皇子・大津皇子・長屋王らの作品 和　歌　山上憶良…「貧窮問答歌」、遣唐使に随行　山部赤人…自然・叙景歌人 大伴旅人…九州歌壇の中心　大伴家持…『万葉集』編者か **『万葉集』**…万葉仮名で記載、著名歌人の歌、東歌・防人歌などを収録
教育	官吏養成…儒教中心の教育 **大学**(中央):五位以上の貴族や東西史部の子弟、八位以上の子弟の希望者 明経道(儒教の経典を学ぶ)、明法道(律令・格式の研究) 文章道(漢詩文・歴史を学ぶ)、算道(算術を学ぶ) **国学**(地方):郡司の子弟

2 国家仏教

Point **国分寺建立・大仏造立に象徴される鎮護国家の思想の発展を具体的にとらえ、また社会事業や僧侶の活動にも注目する。**

国家仏教＝**鎮護国家**の思想(仏教による国家の安泰)→法会・祈禱	
国家の保護・統制	僧尼令…私的な出家・民間布教活動の禁止など 官大寺…南都七大寺(薬師・大安・興福・元興・東大・西大・法隆寺) **南都六宗**…三論・成実・法相・倶舎・華厳・律、仏教教学の学系 法相宗:義淵が活躍 華厳宗:唐僧道璿が伝える、良弁が東大寺建立 律宗:唐僧鑑真が伝える 聖武天皇　**国分寺建立の詔**(741)…山背国恭仁京 **大仏**(盧舎那仏)**造立の詔**(743)…近江国紫香楽宮 東大寺大仏の造立:大仏師国中公麻呂が中心、行基の協力 孝謙天皇　大仏開眼供養会(752)…導師:菩提僊那(バラモン僧) 伝統歌舞、高麗楽、渤海楽、唐楽、林邑楽(仏哲が伝える)
社会事業	光明皇后…**悲田院**(貧窮者・孤児を収容)、**施薬院**(貧窮病人に施薬・治療) 和気広虫(和気清麻呂の姉)…孤児の養育
僧侶の活動	**鑑真**…753年に唐より来日、戒律を伝える→東大寺に戒壇設立、唐招提寺創建 **行基**…民間布教、道路修築・架橋など社会事業、大仏造立に協力→大僧正に **道鏡**…孝謙上皇(称徳天皇)の信任、太政大臣禅師・法王に →宇佐八幡神託事件で追放

Speed Check! 天平文化

❶ 天平文化

☐ ①奈良時代に平城京を中心に形成された高度な貴族文化を、その最盛期であった[1]天皇の時代の年号をとって[2]と呼ぶ。

☐ ②この文化は、国家仏教の発展を背景に仏教的色彩の濃いものであり、また[3]などによって伝えられた最盛期の唐文化の影響を受けた国際性豊かなものであった。

☐ ③唐から招かれた高僧[4]の創建になる[5]の金堂は、天平期の建築遺構として知られ、また同寺の[6]は、平城宮の朝集殿を移築したものとされている。

☐ ④東大寺の[7]宝庫は、三角材を組み上げた[8]建築の最古の例であり、そこには[9]が献納した夫聖武太上天皇の遺品を中心に、大仏開眼会関係の調度品・仏具など数千点の宝物が収蔵されている。

☐ ⑤宝物の中には、ラクダに乗る西域の楽人を螺鈿で撥面(ばちめん)に描いた[10]やペルシア風の漆胡瓶、ペルシアのものと同型の白瑠璃碗など、ユーラシア大陸を貫く[11]を経て東ローマや西アジアなどからもたらされた技法や意匠が認められるものもある。

☐ ⑥東大寺の[12](三月堂)には、本尊の[13]や、かつてその両脇にあった[14]など天平期の仏像が多く残されている。

☐ ⑦興福寺の八部衆像の一つ[15]や肖像彫刻の傑作である唐招提寺の[16]は、原型のうえに麻布を貼り、漆で塗り固めてつくった[17]である。東大寺法華堂の秘仏[18]や同寺戒壇堂の四天王像は、木の芯に粘土を厚く付けてつくった[19]である。

☐ ⑧称徳天皇発願の吉祥悔過会の本尊画像である薬師寺の[20]や、樹下に唐の衣装をつけた女性を配する正倉院の[21]の美人像には、太い眉や小さな唇・豊かな体軀など唐の美人図の影響が認められる。

☐ ⑨法隆寺に4万5000余基が残っている三重の木製小塔は[22]と呼ばれ、恵美押勝の乱後、戦没者の冥福を祈るために称徳天皇の発願で造立されたもので、中におさめられた[23]は、現存する世界最古の印刷物とされている。

☐ ⑩712年に完成した『[24]』は、天武天皇が「帝紀」「旧辞」に自ら検討を加えたものを[25]によみならわせ、元明天皇の命を受けた[26]がそれを筆録したもので、神代から推古天皇までの時代の歴史をしるしている。

☐ ⑪720年に完成した『[27]』は、[28]が中心となり、中国の史書にならって編纂した漢文・編年体(年代を追って出来事をしるす叙述法)の歴史書で、以後10世紀初めまでに成立した6つの正史である「[29]」の最初となった。

☐ ⑫その国の地名の由来や産物・伝承などが記載された地誌である[30]は、713年に政府が諸国に命じて編纂・献上させたもので、ほぼ完全な形で残る『[31]』をはじめ、播磨・常陸・肥前・豊後の5カ国のものが現在に伝えられている。

☐ ⑬漢詩文は貴族の教養として重んじられ、鑑真の渡来記録『唐大和上東征伝』を撰した[32]や、日本最初の図書館である[33]を開いた[34]らが名を馳せた。

☐ ⑭751年に成立した『[35]』は、7世紀後半以降の作品120編を集めた現存最古の漢詩集で、天武天皇の皇子大津皇子らが代表的詩人として知られる。

☐ ⑮仁徳天皇から奈良時代までの和歌約4500首からなる歌集『〔36　〕』には、宮廷の歌人や貴族の歌だけでなく、東国の民謡である〔37　〕や防人歌などの地方民衆の歌もおさめられている。

☐ ⑯歌集に収録された和歌は、漢字の音訓を巧みに組み合わせて日本語を表記する〔38　〕を用いて記載されている。

☐ ⑰歌人としては、「貧窮問答歌」など人生や社会の感慨をうたった〔39　〕、自然を題材とした歌が多い〔40　〕、大宰帥(だざいのそち)として九州歌壇の中心となった大伴旅人、その子で歌集の編者の１人ともみられる〔41　〕らが活躍した。

☐ ⑱教育機関として、中央に貴族や東西史部の子弟を学生とする〔42　〕が、地方に郡司の子弟を学生とする〔43　〕がおかれ、官吏養成を目的とする儒教中心の教育を行なった。〔42　〕には、儒教の経典を学ぶ〔44　〕、律令や格式を研究する明法道、漢詩文や歴史を学ぶ文章道(平安時代には紀伝道が公称となる)などの学科がおかれていた。

2 国家仏教

☐ ①奈良時代には、仏教は国家の厚い保護を受けて発展し、僧侶は仏の力によって国家の安泰を実現しようと〔45　〕のための法会や祈禱をさかんに行なった。

☐ ②平城京には大安寺・薬師寺など官立の大寺院である〔46　〕をはじめ多くの寺院が建立された。

☐ ③寺院には仏教理論の研究の進展にともなって〔47　〕と呼ばれる学系が形成された。これは奈良時代以前に伝えられていた〔48　〕・成実・法相・倶舎の各宗と、奈良時代になって唐僧道璿がもたらした〔49　〕宗、鑑真が伝えた〔50　〕宗の総称で、いずれも仏教教学の学系であり、１つの寺院にいくつかの宗が併存することもあった。

☐ ④唐の高僧鑑真は来日の試みにたびたび失敗し、失明しながらも６度目にして目的を達成、僧尼が守るべき〔51　〕を日本に初めて伝えた。僧侶に授戒するための〔52　〕は、東大寺・下野薬師寺・筑紫観世音寺に設けられた。

☐ ⑤僧尼の民間布教は〔53　〕によって厳しく制限されていたが、〔54　〕は橋や道路の修築などの社会事業を通じて民衆への布教を積極的に進めた。当初、彼は政府の弾圧を受けたが、のちに大僧正となり、聖武天皇発願による〔55　〕造立に協力した。

☐ ⑥東大寺の大仏は、大仏師国中公麻呂が中心となり10年の歳月を要して完成した。インドのバラモン僧〔56　〕を導師として行なわれた開眼供養会では、伝統的な歌舞のほかに、高麗楽・渤海楽・唐楽やベトナム僧仏哲が伝えたという林邑楽も奏された。

☐ ⑦仏教の広がりにともない、仏教思想にもとづく社会事業がみられるようになった。光明皇后が〔57　〕や施薬院を設けて貧窮民の救済にあたり、〔58　〕が多くの孤児を養育したのもこの例である。

☐ ⑧仏教が政治と深く結び付いたため、太政大臣禅師・法王からさらに皇位をも狙おうとした法相宗の〔59　〕のように政治に介入する僧侶もあらわれた。

Summary 弘仁・貞観文化

① 弘仁・貞観文化

Point この時期の唐風文化を代表する唐様の書道と漢詩文の発展に注目する。書道では三筆、漢詩文では勅撰漢詩文集に注意。また、大学別曹は創設した貴族名と結び付けておさえておくこと。

時期	平安時代初期(９世紀頃)
特色	①儒教的色彩の濃い唐風文化→しだいに消化され国風化 ②天台宗・真言宗の広まり→**密教**の影響 ③貴族中心 ④**文章経国**(もんじょうけいこく)の思想の広まり→漢文学の発展
書道	唐風書道の流行…**三筆**(さんぴつ)＝嵯峨天皇・空海(くうかい)・橘逸勢(たちばなのはやなり) **『風信帖』**(ふうしんじょう)…空海から最澄への書簡、大師流の書風
漢詩文	勅撰漢詩文集 嵯峨天皇 『凌雲集』(りょううんしゅう)〔小野岑守(おののみねもり)ら編〕 『文華秀麗集』(ぶんかしゅうれいしゅう)〔藤原冬嗣(ふゆつぐ)ら編〕 淳和天皇 『経国集』(けいこくしゅう)〔良岑安世(よしみねのやすよ)ら編〕 『性霊集』(しょうりょうしゅう)〔弟子真済(しんぜい)編〕…空海の漢詩文集 『文鏡秘府論』(ぶんきょうひふろん)…空海の文学論 『菅家文草』(かんけぶんそう)…菅原道真の漢詩文集 『風信帖』
史書	国史の編纂…漢文・編年体 『続日本紀』(しょくにほんぎ)(文武～桓武天皇) 『日本後紀』(こうき)(桓武～淳和天皇) 『続日本後紀』(仁明天皇) 『日本文徳天皇実録』(文徳天皇) 『日本三代実録』(清和～光孝天皇) (以上)『日本書紀』と合わせて「**六国史**(りっこくし)」 『類聚国史』(るいじゅうこくし)…菅原道真が部門別に六国史を編集
教育	大学…紀伝道(きでんどう)(かつての文章道(もんじょうどう)、中国の歴史・漢詩文を学ぶ)を重視 **大学別曹**(べっそう)…有力貴族が設置、子弟の勉学のための寄宿舎 弘文院：800年頃和気氏 勧学院：821年藤原氏(藤原冬嗣が設置) 学館院：844年頃橘氏 奨学院：881年在原氏 **綜芸種智院**(しゅげいしゅちいん)…庶民教育、儒教・仏教・道教中心の教育、828年頃空海
その他	儀式…朝廷での礼儀作法やその次第を規定 『内裏式』(だいりしき)〔藤原冬嗣編〕など 『日本霊異記』(にほんりょういき)〔薬師寺の僧景戒(きょうかい)〕…仏教の因果応報談中心の説話集

② 平安仏教と密教芸術

Point 最澄と空海の宗教活動を十分に把握し、以後の密教の展開とほかの信仰との融合にも留意する。密教芸術では特異な仏像彫刻の特徴をつかんでおく。

1 天台宗と真言宗

	天台宗	真言宗
開祖	**最澄**(伝教大師) 767~822 785　比叡山に草堂を創建(のちの**延暦寺**) 804　入唐、天台山にいたる 805　帰国、翌年天台宗を開く 818　翌年にかけて『山家学生式』を定め、大乗戒壇設立を主張	**空海**(弘法大師) 774~835 804　入唐、恵果に真言密教を学ぶ 806　帰国、真言宗を開く 816　高野山に**金剛峯寺**を創建 821　讃岐満濃池を修築 823　嵯峨天皇より**教王護国寺**(東寺)を賜る
教義	法華経が中心経典 一切皆成仏(人間の仏性の平等性)を説く	大日経・金剛頂経が中心経典 **加持祈禱**など密教の呪法による即身成仏を説く(在来仏教＝顕教)
著書	『**顕戒論**』(819)…大乗戒壇設立に反対する南都諸宗への反論	『**三教指帰**』(797)…儒・仏・道の3教を比較し、仏教の優位を説く 『十住心論』(不詳)…真言密教を解説し、信仰の立場を明示する
展開	**円仁**・**円珍**により密教化→**台密** **山門派**(円仁派、延暦寺) **寺門派**(円珍派、園城寺)　に分裂	**東密** 現世利益を求める貴族層の支持を得る
	山岳信仰(吉野の大峰山、北陸の白山など)との融合→**修験道** 神祇信仰との融合→**神仏習合**…神宮寺、神前読経、僧形八幡神像→薬師寺僧形八幡神像 神社建築…春日造→春日大社、流造→京都賀茂御祖神社	

2 密教芸術

建築	山中に建立、自由な伽藍配置 **室生寺**金堂・五重塔
彫刻	**一木造**・翻波式の衣文 神護寺薬師如来像 元興寺薬師如来像 室生寺金堂釈迦如来像 **室生寺釈迦如来坐像** **観心寺如意輪観音像**
絵画	**曼荼羅**…密教世界を構図化 神護寺両界曼荼羅 **教王護国寺両界曼荼羅** 不動明王信仰 園城寺不動明王像(黄不動)

室生寺五重塔

神護寺薬師如来像

Speed Check! 弘仁・貞観文化

❶ 弘仁・貞観文化

☐ ①平安遷都から遣唐使が廃止される９世紀末頃までの文化は、中国〔1 〕の文化の影響を強く受けたもので、宮廷を中心に漢文学が発展して儒教が重んじられた一方、仏教もさかんであった。この時代の文化を、当時の年号をとって〔2 〕と呼ぶ。

☐ ②漢詩文の教養が浸透したことを背景に、〔3 〕天皇の命を受けた小野岑守らが最初の勅撰漢詩文集である『〔4 〕』を編纂し、次いで『〔5 〕』『〔6 〕』が編纂された。それらは、合わせて三大勅撰漢詩文集と呼ばれている。

☐ ③空海は、『〔7 〕』で中国六朝及び唐代の文学評論を行なった。また『〔8 〕』は、彼の漢詩文などを弟子真済が編纂したものである。

☐ ④書も唐風のものがもてはやされたが、〔9 〕天皇・空海・〔10 〕はその名手として、のちに〔11 〕と呼ばれた。空海が最澄に送った書状は『〔12 〕』として知られ、その書風は〔13 〕と呼ばれている。

☐ ⑤前代に引き続いて国史の編纂事業が進められ、797年に成立した『〔14 〕』以後、『〔15 〕』までの５書が編纂された。これらは、『日本書紀』と合わせて「〔16 〕」と称される。

☐ ⑥六国史の内容を、菅原道真が神祇・帝王・後宮・政理など部門別に分類して編年順に並べた史書が『〔17 〕』である。

☐ ⑦大学では、官吏登用試験に漢詩文の力が要求されるようになったため、中国の歴史学や漢文学を学ぶ〔18 〕(かつての文章道)が重んじられるようになった。

☐ ⑧有力な貴族は〔19 〕を設け、大学に学ぶ一族の子弟を寄宿させて勉学の便をはかった。和気氏の弘文院、藤原氏の〔20 〕、橘氏の〔21 〕、在原氏の〔22 〕などが知られる。

☐ ⑨空海は〔23 〕を設け、儒教・仏教・道教を中心とする幅広い庶民教育をめざしたが、彼の死後まもなく廃絶した。

☐ ⑩嵯峨天皇の時から、朝廷における各種の礼儀作法が整えられ、その次第などを規定した〔24 〕が編纂されるようになった。821年、藤原冬嗣らが撰定した『内裏式』などが知られている。

☐ ⑪仏教が民間にも広がったことを背景に、平安時代初期には薬師寺の僧景戒によって、各地の仏教説話を集めた『〔25 〕』がつくられた。

❷ 平安仏教と密教芸術

☐ ①唐から帰国した最澄は〔26 〕を伝え、〔27 〕を中心経典として人間の仏性の平等を説いた。彼が比叡山に開いた草庵にはじまる〔28 〕は、平安京鎮護の寺院、さらには仏教教学の中心地として発展していった。浄土教の源信や鎌倉仏教の開祖たちの多くがここで学んだ。

☐ ②最澄は比叡山における〔29 〕の設立を主張し、学生を養成するための法式である『〔30 〕』を定め、次いで『〔31 〕』を著してこれに反発する南都諸宗に反論した。

☐ ③唐から帰国した空海は〔32 〕を開き、秘密の呪法の伝授・習得によって悟りが開かれ、即身成仏もできると説いた。この教えは〔33 〕と称されたのに対し、従来の南都仏教などは[34　]と称されている。

☐ ④『[35　]』は、空海が入唐以前に著したもので、儒・仏・道の３教を比較して仏教の優位を説いた。また『[36　]』は、真言密教を解説したもので、宗教意識の発達過程を10の形式に分け、密教のすぐれていることを示している。

☐ ⑤空海は高野山に[37　]を開いて修行の場とするとともに、嵯峨天皇から賜った京都の[38　]を拠点に活動した。

☐ ⑥密教は、現世利益を求める貴族たちの間に急速に広まった。天台宗も最澄の死後、円仁・円珍が本格的に密教をとり入れたため、真言宗系の[39　]に対して[40　]と呼ばれるようになった。

☐ ⑦円仁と円珍の門流は、仏教解釈をめぐってその後対立するようになり、10世紀末以降、延暦寺にある円仁の門流は[41　]、延暦寺から独立し[42　]に入った円珍の門流は[43　]を形成した。

☐ ⑧山中での修行を重視する天台・真言の密教は、在来の山岳信仰と結び付き、中世にさかんとなる[44　]の源流となった。

☐ ⑨仏教が流布するにつれ、仏教と日本固有の神々に対する信仰とが融合する[45　]の動きが進み、神社の境内に[46　]と呼ばれる寺院を建てたり、神前で読経することも行なわれた。

☐ ⑩山岳修行を重んじる密教の寺院は山中に建てられることが多く、伽藍は地形に応じて自由に配置された。女人高野(にょにんこうや)と呼ばれる奈良県[47　]の五重塔と金堂は、平安時代初期を代表する遺構である。

☐ ⑪彫刻では、頭部と胴体とを一本の木からつくり出す[48　]や、鋭いひだとなだらかなひだを交互に重ねて衣文を表現する[49　]の技法が多く用いられた。

☐ ⑫仏像は、祈禱の対象として数多くつくられたが、量感に満ちた神秘的な表現をもつことを特徴としている。片膝を立てた豊満な肢体に華麗な彩色を残す観心寺の[50　]、厚みのある大腿部や彫りの深い衣文が印象的な神護寺の[51　]などは代表的な作品である。

☐ ⑬神仏習合の影響を受け、これまで偶像として表されることがなかった神々の像もつくられるようになる。薬師寺の鎮守である休丘(やすみがおか)八幡宮の神体として９世紀末につくられたとされる[52　]などが著名である。

☐ ⑭絵画では、[53　]と呼ばれる園城寺の不動明王像などの仏画のほか、仏の世界を構図化した[54　]が多く描かれた。中でも[55　]のものは、現存最古とされている。

Summary 国風文化Ⅰ

① 国風文化

Point 国風文化が形成され発展する時期が、摂関政治期と重なっていることに注意する。寝殿造の邸宅や大和絵、書道にみられる日本的な特徴に注目。

時　期	**摂関政治**期が中心(10～11世紀頃)
特　色	①日本風の貴族文化 ②**浄土教**信仰の広まり→浄土教芸術の発展 ③**かな文字**の発達→和歌・国文学の発展
建　築	**寝殿造**…貴族の邸宅、和風建築様式、白木造・檜皮葺 **東三条殿**：摂関家の邸宅
絵　画	**大和絵**…日本の風物→襖・屏風・絵巻物、絵師巨勢金岡
工　芸	**蒔絵**…漆で文様を描き、金属粉を蒔きつけて模様とする **螺鈿**…貝殻の真珠光の部分をはいで漆器に埋め込む
書　道	**和様**…丸みのある優美な字形 **三跡**(蹟)＝小野道風：『屏風土代』 藤原佐理：『離洛帖』 藤原行成：『白氏詩巻』、世尊寺流の祖
漢詩文	『本朝文粋』〔藤原明衡編〕…すぐれた詩文を撰集
その他	『倭(和)名類聚抄』〔源順編〕…百科事典的漢和辞書

『離洛帖』

② 浄土教信仰と浄土教芸術

Point 浄土教の内容、普及の背景と布教のあり方をおさえる。阿弥陀信仰の広がりと関連させて、建築や仏像彫刻・仏教絵画の特徴をつかむ。

1 仏教の展開と浄土教

密　教		天台宗・真言宗…鎮護国家・現世利益のため加持祈禱→一大政治勢力化
浄土教		**阿弥陀仏**(如来)への信仰、極楽浄土への往生を願う→念仏
	背　景	**末法思想**…釈迦入滅後に正法→像法→末法 末法元年＝永承7(1052)年
	布　教	┌民間へ：聖・沙弥などの遊行僧　[10世紀半ば]**空也**＝市聖 └貴族層へ　[10世紀後半]天台宗の僧**源信**(恵心僧都)の『往生要集』
	往生伝	『日本往生極楽記』〔慶滋保胤〕、『拾遺往生伝』〔三善為康〕
その他	神仏習合	**本地垂迹説**…神は仏の仮の姿(天照大神＝大日如来など)
	御霊信仰	**御霊会**…怨霊や疫病の災厄よけ、祇園社(八坂神社)・北野天満宮

2 浄土教芸術

建築	阿弥陀堂…阿弥陀仏を安置する堂 法成寺(御堂)無量寿院：藤原道長、現存せず **平等院鳳凰堂**：藤原頼通 法界寺阿弥陀堂
彫刻	**寄木造**…仏像の大量需要、仏師**定朝**が完成 平等院鳳凰堂阿弥陀如来像(定朝作) 法界寺阿弥陀如来像 浄瑠璃寺阿弥陀如来像
絵画	**来迎図**…阿弥陀仏が臨終の人をむかえに来る図 **阿弥陀聖衆来迎図**(高野山) 平等院鳳凰堂扉絵

平等院鳳凰堂阿弥陀如来像

3 貴族と庶民の生活文化

Point 衣食住をはじめ行事や生活習慣などにも注目する。日記や絵巻物などの資料を理解するためのポイントとなる。

衣服

貴族…絹物

〔正装〕
- 男性：**束帯**(略式は**衣冠**)

- 女性：**女房装束**(十二単)

〔日常〕
- 男性：直衣・狩衣
- 女性：小袿・袴

庶民…麻布
- 男性：直垂・水干

萎烏帽子
水干
小袴

- 女性：小袖に腰衣

食事

1日2食(朝・夕)
- 貴族…強飯と副食
- 庶民…米・雑穀の粥、間食もみられる

貴族社会の行事・精神生活

成人式(10～15歳)
- 男性：**元服**
- 女性：**裳着**

年中行事…神事(大祓・賀茂祭)、仏事、節会(七夕・相撲)、叙位・除目

儀式書：『西宮記』〔源高明〕
『北山抄』〔藤原公任〕

日　記：『小右記』〔藤原実資〕
『御堂関白記』〔藤原道長〕

物忌・方違…陰陽道(古代中国の陰陽五行説にもとづく)の影響

Speed Check!

国風文化 Ⅰ

1 国風文化

☐ ①10世紀には、それまでの大陸文化の吸収のうえに立って、日本の風土や日本人の人情に適合した日本風の文化が貴族を中心に形成された。これを〔1　〕といい、摂関政治の時代にその基礎が築かれた。

☐ ②白木造・檜皮葺の〔2　〕と呼ばれる日本風の建築様式が発達し、貴族の住宅とされた。藤原氏嫡流の代々の邸宅である図1の〔3　〕は、主人の住む寝殿を中心に対(たい)・釣殿(つりどの)などが配され、池や庭園を備えた当時を代表する建築であった。

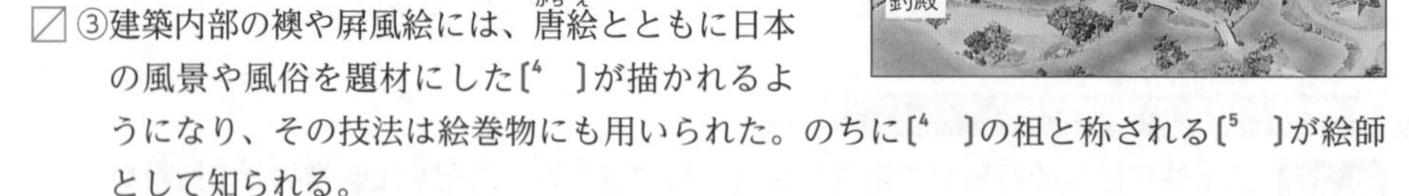

図1

☐ ③建築内部の襖や屏風絵には、唐絵(からえ)とともに日本の風景や風俗を題材にした〔4　〕が描かれるようになり、その技法は絵巻物にも用いられた。のちに〔4　〕の祖と称される〔5　〕が絵師として知られる。

☐ ④屋内で用いられる調度品には、漆器の表面に漆で文様を描き金・銀粉などを蒔いて模様とする〔6　〕や、夜光貝(やこうがい)などを薄く磨き様々な形にして漆器に埋め込む〔7　〕といった日本で独自の発達をとげた技法が多くとり入れられた。

☐ ⑤唐風の書にかわって丸みのある字形と優美な線とを特色とする〔8　〕の書が好まれるようになり、のちに〔9　〕と称される〔10　〕・藤原佐理・〔11　〕らの名手があらわれた。〔10　〕は『屏風土代』、藤原佐理は大宰大弐(だいに)に赴任する途中に都の甥へ宛てて書いた『〔12　〕』、〔11　〕は『白氏詩巻』などが知られる。また〔11　〕は、江戸時代まで続いた書道の流派である〔13　〕の始祖となった。

☐ ⑥貴族社会では、いぜんとして漢文学が必須の教養として重んじられ、大学の中心科目にもなっていた。藤原明衡が編んだ『〔14　〕』は、この時期のすぐれた文をおさめた漢詩文集である。

☐ ⑦学者・歌人として著名であった〔15　〕は、漢語で表された様々な事物を分類・整理して和訓と解釈を付け、百科事典的な性格をもつ『〔16　〕』を編纂した。

2 浄土教信仰と浄土教芸術

☐ ①天台・真言の2宗は、現世利益を望む貴族の求めに応じて〔17　〕をさかんに行ない、それを通じて貴族層と強く結び付き、自らも大きな政治勢力となった。

☐ ②神仏習合の動きが一層進み、日本の神々は仏の仮の姿(権現)であるとする〔18　〕が唱えられるようになった。

☐ ③この世に恨みを残して死んでいったものの霊魂を慰め、怨霊の祟りやそれによっておきる疫病の災いを避けようとする〔19　〕が、平安京の東にある〔20　〕や、北に位置し菅原道真を祀る〔21　〕でさかんに行なわれるようになった。

☐ ④阿弥陀仏の救いによって極楽浄土に往生することを願う〔22　〕は、〔23　〕・沙弥などと呼ばれた遊行僧たちによって民間に広められた。10世紀半ば、京の市を中心に庶民に念仏の教えを説いた〔24　〕は、特に「〔25　〕」と称された。

☐ ⑤天台宗の僧侶〔26　〕(恵心僧都)が著した『〔27　〕』は、念仏による極楽往生の教義を説き、上流貴族層に浄土教が普及するうえで大きな役割を果たした。

☐ ⑥念仏の功徳によって極楽往生をとげたと信じられた人々の伝記を集めたものを〔28　〕という。985年頃の成立とみられる〔29　〕の著した『日本往生極楽記』、三善為康の著した『〔30　〕』などはその代表的なものである。

☐ ⑦釈迦の死後、正法・像法の時代を経て末法の時代が到来し、乱世になるという〔31　〕が世情の不安を背景に人々の間に広く流布し、日本では永承7(西暦〔32　〕)年が末法初年にあたるという説が信じられ、浄土教の普及を刺激した。

☐ ⑧浄土教が広まるにともない、阿弥陀仏を安置する〔33　〕の建立がさかんになった。〔34　〕が建てた法成寺は、現存はしていないが〔33　〕を中心とした大寺であり、また藤原頼通が京都宇治に建てた〔35　〕は代表的な遺構として知られる。

☐ ⑨仏師〔36　〕は、仏像の身体をいくつかの部分に分けてつくり、これを寄せ合わせて一体とする〔37　〕の技法を完成し、仏像の大量需要に応えた。平等院鳳凰堂の阿弥陀如来像は彼の作であり、日野〔38　〕の阿弥陀如来像も同時期のものである。

☐ ⑩仏画では、阿弥陀仏が極楽浄土から往生しようとする人をむかえに来る様子を描いた〔39　〕がさかんに描かれたが、中でも〔40　〕のものが著名である。

3 貴族と庶民の生活文化

☐ ①貴族は衣料として主に絹物を用い、男性は唐風の装束を改良した〔41　〕やその略式である〔42　〕を公用服とし、日常は〔43　〕や狩衣を身につけた。女性は唐衣や裳をつけた〔44　〕と呼ばれる〔45　〕を正装とし、日常は〔46　〕を着て袴をつけた。

☐ ②武士や庶民は〔47　〕を衣料として用い、男性は烏帽子をつけて直垂や〔48　〕(狩衣が変化したもの)を着用し、女性は袖のつまった〔49　〕を着た。

☐ ③貴族は10～15歳くらいで男性は〔50　〕、女性は〔51　〕の儀式を行なって成人としてあつかわれるようになり、男性は官職を得て朝廷に出仕した。

☐ ④朝廷では、多くの節会や神事・仏事、農耕儀礼をとり入れた祈年祭・新嘗祭など、毎年決まった時期に決まった儀式が〔52　〕として行なわれた。

☐ ⑤源高明の『〔53　〕』や藤原公任の『〔54　〕』は、朝廷で行なわれる儀式や年中行事の次第をまとめた儀式書の代表的著作で、有職故実の権威書として後代まで重んじられた。

☐ ⑥儀式や行事が重視されたため、貴族たちは先例や慣習に習熟しようと詳細な日記をつけた。摂関政治期の史料として重要な藤原実資の『〔55　〕』は、その代表的なものである。また、藤原道長の『〔56　〕』は、自筆原本が残る最古のものとして知られる。

☐ ⑦貴族の間では、中国から伝来した陰陽五行説にもとづく〔57　〕の影響で、占いにより吉凶を判断することが広く行なわれた。彼らの行動はこれに制約されることが多く、特定の建物の中に引きこもって謹む〔58　〕や、凶の方角を避けて行動する〔59　〕などが行なわれた。

Summary 国風文化Ⅱ／院政期の文化

1 国文学の発展

Point 平がな・片かなの発生の仕方、広がり方の相違に注意する。かな文字の普及と国文学の発展との関連にも留意する。文学作品は、作者名とおおよその内容をつかんでおくこと。

1 かな文字の発達

漢字（真名）→万葉仮名┬（草書体を簡略化）→**平がな**
　　当初は主に女性が使用→女手
　　平安時代末に五十音図・「いろは歌」が成立
└（漢字の一部から）→**片かな**
　　仏典訓読の際の符号から成立
　　漢文訓読体を含む文章表記に使用

2 国文学

<table>
<tr><th rowspan="2">時代</th><th colspan="2">物語文学</th><th rowspan="2">日記・随筆</th></tr>
<tr><th>伝奇物語</th><th>歌物語</th></tr>
<tr><td></td><td>**『竹取物語』**
最古の物語文学</td><td></td><td></td></tr>
<tr><td>10C</td><td>『宇津保物語』
音楽と恋愛譚中心の写実的物語
『落窪物語』
継子いじめの物語</td><td>**『伊勢物語』**
在原業平が主人公
『大和物語』
後半は説話集的性格が強くなる</td><td>**『土佐日記』**〔紀貫之〕
最初のかな日記、女性に仮託してしるす
『蜻蛉日記』〔藤原道綱の母〕
夫兼家との結婚生活を自叙伝風にしるす</td></tr>
<tr><td>11C</td><td colspan="2">**『源氏物語』**〔紫式部〕
光源氏の恋愛、その子薫の悲劇を描く長編小説
<table><tr><th>紫式部</th><th>清少納言</th></tr><tr><td>越前守藤原為時の娘
藤原宣孝と結婚
夫と死別後、一条天皇の中宮彰子（藤原道長の娘）に女房として仕える</td><td>歌人清原元輔の娘
橘則光と結婚
一条天皇の皇后定子（藤原道隆の娘）に女房として仕える</td></tr></table>
『栄花（華）物語』〔赤染衛門？〕
藤原道長の栄華をたたえた歴史物語</td><td>**『枕草子』**〔清少納言〕
宮廷生活や四季の情趣を感性豊かに描写する
『和泉式部日記』
敦道親王との恋愛関係を回想
『紫式部日記』
宮廷での見聞や人物評などを随筆風にしるす
『更級日記』〔菅原孝標の女〕
上総からの帰郷より老境にいたるまでを回想</td></tr>
</table>

3 詩歌

和歌	六歌仙…在原業平・僧正遍昭・小野小町・僧喜撰・文屋康秀・大友黒主 **『古今和歌集』**(905)〔紀貫之ら編〕 醍醐天皇の勅、最初の勅撰和歌集、約1100首収録＝古今調 以後８回編集された勅撰和歌集＝八代集 序文：真名序〔紀淑望〕、仮名序〔紀貫之〕→かな文字の発展
朗詠	**『和漢朗詠集』**(1013 ？)〔藤原公任撰〕…朗詠に適した漢詩文・和歌を集成

2 院政期の文化／地方文化の発展

Point **院政期の文化は、武士や庶民の成長という社会の変動と関連してとらえる。平泉文化は、世界遺産に登録されていて注目される。**

時期	11世紀後半～12世紀頃	
特色	①武士・庶民の成長→貴族層が地方(民衆)文化を受容 ②武士の政界進出・浄土教の普及(**聖**や**上人**による布教)→独自の地方文化が発展	
歌舞	**今様**…民間の流行歌謡、白拍子が流行させる **猿楽**…散楽に由来する雑芸 催馬楽…古代歌謡から発達した舞をともなわない歌謡 **『梁塵秘抄』**〔後白河上皇撰〕…今様・催馬楽を集成 **田楽**…農耕神事からうまれた庶民芸能→1096年の大田楽	
文学	説話集	**『今昔物語集』**…仏教・民間説話の集大成、和漢混淆文
	軍記物語	**『将門記』**…平将門の乱の経過 『陸奥話記』…前九年合戦の経過
	歴史物語	**『大鏡』**…摂関政治期を客観的に叙述、紀伝体 『今鏡』(1170)…『大鏡』のあと、後一条～高倉天皇の間の歴史
絵画	**絵巻物**　『源氏物語絵巻』〔藤原隆能筆〕…引目鈎鼻・吹抜屋台の手法 『伴大納言絵巻』〔常盤光長筆〕 『信貴山縁起絵巻』(朝護孫子寺蔵) 『鳥獣人物戯画』〔伝鳥羽僧正覚猷筆〕 『扇面古写経』 『平家納経』(厳島神社蔵)	
建築 彫刻	白水阿弥陀堂(福島県) 富貴寺大堂(大分県) 三仏寺投入堂(奥の院、鳥取県) 臼杵の磨崖仏(大分県) 蓮華王院千手観音像(京都)	
平泉 文化	**中尊寺金色堂**…藤原清衡 毛越寺浄土庭園…藤原基衡 柳之御所遺跡…藤原秀衡の政庁跡	

中尊寺金色堂

Speed Check! 国風文化Ⅱ／院政期の文化

❶ 国文学の発展

☐ ①真名と呼ばれた漢字に対して、漢字からうまれた簡便な表音文字を[1]と呼んでいる。それらが広く使用されるようになった結果、漢字だけでは十分に表現できなかった日本人特有の感情や感覚を豊かに伝えられるようになり[2]が発展した。

☐ ②万葉仮名の草書体を簡略化した[3]は、当初は主に女性が使用したため[4]とも呼ばれていた。平安時代末期に五十音図や七五調四句47文字からなる「[5]」が成立したと推定され、字形もほぼ一定した。

☐ ③学僧たちが、仏典を訓読する際の利便として漢字の一部をとり表音文字として用いはじめたものが[6]で、９世紀頃からみられる。

☐ ④かなで書かれた最古の物語文学とされているのが『[7]』で、『源氏物語』にも「物語の出来はじめの祖」とあり、その成立は９世紀末～10世紀初めとみられている。

☐ ⑤[8]は和歌を中心にすえ、その詞書や注によってまとまった物語を構成しているもので、在原業平とみられる貴族の恋愛譚を綴った『[9]』や、後半は説話集的な性格が強くなる『大和物語』などが知られる。

☐ ⑥『[10]』『[11]』は、いずれも10世紀後半に成立した説話物語で、前者は姫君「あて宮」をめぐる恋愛求婚の物語を柱に貴族社会を写実的に描いたもの、後者は継子いじめの物語を中心として教訓的な要素も加味したものである。

☐ ⑦[12]は越前守藤原為時の娘としてうまれ、夫と死別後に一条天皇の中宮[13]に女房として仕えた。『[14]』は、この宮廷生活での体験を下敷きにして綴った長編小説で、国文学中の最高傑作とされている。

☐ ⑧『[15]』は、歌人清原元輔の娘で、一条天皇の皇后定子に仕えた[16]が、宮廷での生活を随筆風に書き継いだもので、女流文学の傑作とされる。

☐ ⑨かなで書かれた日記の最初は、[17]が女性に仮託して書いた『[18]』である。そのほか、[19]が夫藤原兼家との関係を通して見すえた身上を綴った『[20]』や、上総国から京への紀行文としても著名な『[21]』など女性によるすぐれた作品もうまれた。

☐ ⑩和歌は漢詩文と並ぶ公的な地位を確立し、905年には[22]の命を受けた紀貫之・紀友則らによって最初の勅撰和歌集である『[23]』が編集された。これ以後、鎌倉時代初めまでに８回編集された勅撰和歌集を[24]と総称している。

☐ ⑪『古今和歌集』には、『万葉集』以後の和歌1100首余りが収録されているが、その繊細で技巧的な歌風は[25]と呼ばれてのちの和歌の模範となった。また、２つある序文のうち紀貫之が書いた[26]は、かな文字の発展に大きく寄与することとなった。

☐ ⑫和歌の名手としては、『伊勢物語』の主人公とされる[27]以下、僧正遍昭・小野小町・僧喜撰など９世紀後半にあらわれた６人が著名で、彼らは[28]と総称された。

☐ ⑬貴族の間では、漢詩文や和歌に曲節を付けて吟ずることがさかんに行なわれた。藤原公任は、こうした朗詠に適した漢詩や和歌およそ800首を撰して『[29]』を編んだ。

2 院政期の文化／地方文化の発展

☐ ①民間では、歌舞を芸とする[30]という遊女を中心に[31]と呼ばれる歌謡が流行し、中国伝来の散楽に由来するとされる滑稽を主とした[32]も親しまれた。

☐ ②[33]は自らも学んだ今様や、古代の歌謡から発達して貴族たちに愛好された[34]を集成・分類して『[35]』を編纂した。

☐ ③[36]は、田植えなどの際に行なわれた豊作祈願の神事からうまれた庶民芸能で、貴族の間にも流行し、1096年には京で公卿・院も参加する大田楽が行なわれた。

☐ ④源隆国(たかくに)の編という『[37]』は、インド・中国・日本の説話を集大成したもので、当時の下衆(げす)(庶民)や武士の姿が、片かなまじりの[38]で生き生きと描かれている。

☐ ⑤平将門の乱を叙述した『[39]』や前九年合戦の経過をしるした『[40]』は、戦乱を主題とする[41]の先駆けとなった作品で、ともに日本風の漢文体で書かれている。

☐ ⑥摂関政治期を客観的に叙述しようとした『[42]』は、時代の転換期に遭遇した貴族たちの歴史意識を背景に書かれた和文体の歴史物語である。『[42]』とそれに続く時代をあつかった『[43]』、鎌倉時代以降に著された『水鏡』『増鏡』の４つの歴史書は合わせて四鏡と呼ばれている。

☐ ⑦[44]は絵と詞書(ことばがき)をおりまぜ、時間の進行に従って物語を展開する独自の絵画様式で、大和絵の手法はこれに用いられることによって発展していった。

☐ ⑧藤原隆能の絵とされる『[45]』は、物語を素材に、華やかな宮廷生活を描いたもので、人物の顔には引目鉤鼻、室内の情景には[46]の技法が用いられている。

☐ ⑨炎上する応天門と逃げまどう民衆などを躍動的に描いた『[47]』、僧命蓮にまつわる霊験を題材とした『[48]』、動物を擬人化して描き当時の世相を風刺した『[49]』などの絵巻物には、地方の社会や庶民の様子が生き生きと描かれている。

☐ ⑩大阪の四天王寺などに所蔵されている『[50]』は、扇形の料紙に法華経を書写したもので、下絵には大和絵の手法で貴族や庶民の生活・風俗などが描かれている。

☐ ⑪浄土教は、[51]や上人などと呼ばれた寺院に所属しない民間の布教者によって全国に広がり、地方豪族によって陸奥の[52]、九州豊後の[53]など各地に阿弥陀堂が建てられた。

☐ ⑫奥州藤原氏の根拠地となった[54]には、当時の京をしのぐ文化が花開いた。中でも藤原清衡の建立した[55]は、外部を金箔でおおい、内部は螺鈿・蒔絵など技術の粋を尽くして飾った阿弥陀堂で、須弥壇(しゅみだん)下には藤原氏３代の遺体が安置されている。

☐ ⑬藤原基衡の建立した[56]は、現在は浄土庭園を残すだけであるが、かつては中尊寺をしのぐ壮大な寺院であった。

☐ ⑭鳥取県にある[57]奥の院は、断崖のくぼみに足場を組んだ懸造(かけづくり)の建築物で、堂が断崖の岩窟に投げ入れられたという伝説から投入堂と呼ばれている。

☐ ⑮大分県[58]の磨崖仏は、主なものだけでも60体をこえる日本最大の石仏群で、大部分は平安時代後期の作とされている。

☐ ⑯平氏によって再興された安芸の[59]には、平清盛らが一門の繁栄を祈願して奉納した華麗な装飾で知られる『[60]』が残されている。

Summary 鎌倉文化 I

① 鎌倉仏教

Point 武士や庶民など広い階層を対象とした鎌倉仏教諸宗派を開祖・主著・特色・中心寺院にまとめ、これに刺激された旧仏教側の改革もおさえる。

1 鎌倉仏教

宗派	開祖	主著	特色	寺院
浄土宗	**法然** 1133～1212	『選択本願念仏集』	**念仏**(南無阿弥陀仏)を唱える **専修念仏**の教え	知恩院 (京都)
浄土真宗 (一向宗)	**親鸞** 1173～1262	『教行信証』 **『歎異抄』**〔唯円〕	戒律否定・肉食妻帯 **悪人正機**の教えを説く	本願寺 (京都)
時宗 (遊行宗)	**一遍** 1239～1289	『一遍上人語録』 (江戸後期に刊行)	諸国を遊行し、街頭で**踊念仏**による布教	清浄光寺 (神奈川)
日蓮宗 (法華宗)	**日蓮** 1222～1282	『立正安国論』	**題目**(南無妙法蓮華経)を唱える 幕政・他宗批判	久遠寺 (山梨)
禅宗：**臨済宗**	**栄西** 1141～1215	『興禅護国論』 『喫茶養生記』	不立文字、**坐禅**・**公案問答**で悟りにいたる	建仁寺 (京都)
	＊幕府の保護	①北条時頼が**蘭溪道隆**を招き建長寺を建立 ②北条時宗が**無学祖元**を招き円覚寺を建立		
禅宗：**曹洞宗**	**道元** 1200～1253	『正法眼蔵』	坐禅に徹し(**只管打坐**)、世俗的権威を退ける	永平寺 (福井)

2 旧仏教の新たな動き

宗派	僧侶	特色	寺院
法相宗	**貞慶**	戒律の復興と専修念仏批判	笠置寺
華厳宗	**明恵**(高弁)	戒律の復興と専修念仏批判	高山寺
律　宗	**叡尊**	戒律の復興	西大寺
律　宗	**忍性**	**北山十八間戸**を建設	極楽寺

踊念仏(『一遍上人絵伝』)

2 鎌倉時代の学問・思想・文学

Point 大陸(宋・元)の影響と戦乱の時代、この2点を中心に特色をとらえること。

1 学問・思想

有職故実 古典注釈	すぎさったよき時代への懐古から朝廷の儀式・先例や古典の研究が隆盛 **有職故実**…『禁秘抄』〔順徳天皇〕 古典注釈…『万葉集註釈』〔仙覚〕 『釈日本紀』〔卜部兼方〕
宋　学	禅僧の留学により宋の朱熹が大成した**宋学**(朱子学)が伝来 **大義名分論**(君臣関係の道理)は後醍醐天皇の討幕運動の基礎理論
神　道	**度会家行**が説いた神本仏迹説に立つ神道理論 『類聚神祇本源』〔度会家行〕→**伊勢神道**(度会神道)
歴　史	公武両方の立場から歴史をしるす 『水鏡』〔中山忠親？〕 『**愚管抄**』〔慈円〕…末法思想にもとづく日本最初の歴史哲学書 『**吾妻鏡**』…鎌倉幕府の事績を編年体でしるした歴史書 『元亨釈書』〔虎関師錬〕…日本最初の仏教史
その他	**金沢文庫**…金沢実時が武蔵国金沢(現、横浜市内)に開設した私設図書館

2 文学

和歌	洗練・技巧的・繊細・哀愁を特徴とする新古今調の歌風 『山家集』〔西行〕　『**新古今和歌集**』〔藤原定家・家隆ら〕　『金槐和歌集』〔源実朝〕
説話	庶民向けに仏教の教理を説く説話集もつくられる 『十訓抄』　『宇治拾遺物語』　『古今著聞集』〔橘成季〕　『沙石集』〔無住〕
随筆	『方丈記』〔鴨長明〕…時代の転変と無常を説く 『**徒然草**』〔兼好法師〕…人間や社会を鋭く観察
紀行 日記	京都と鎌倉を結ぶ東海道の賑わいを背景とする紀行文の形式 『東関紀行』〔源親行？〕　『海道記』 『十六夜日記』〔阿仏尼〕
軍記 物語	当時の戦乱を題材とし、実在の人物を主人公とする中世文学の中心 『保元物語』　『平治物語』　『源平盛衰記』 『**平家物語**』〔信濃前司行長〕 …**琵琶法師**の語る**平曲**が流布 琵琶法師(『慕帰絵詞』)

Speed Check! 鎌倉文化 I

❶ 鎌倉仏教

☐ ①美作の武士の家にうまれて天台の教義をおさめた法然は、源平争乱のころ、もっぱら阿弥陀仏の誓いを信じ、「南無阿弥陀仏」という[1]を唱えれば、死後は平等に極楽浄土に往生できるという[2]の教えを説いて、のちに[3]の開祖とあおがれることになった。

☐ ②法然の主著は『[4]』で、中心寺院は京都の[5]である。

☐ ③貴族の家にうまれた[6]は、煩悩の深い人間こそが阿弥陀仏の救おうとする相手であるという[7]の教えを説いた。彼の教えは農民や地方武士の間に広がり、やがて浄土真宗と呼ばれる教団が形成されていった。

☐ ④浄土真宗では『[8]』を聖典としている。また、弟子の唯円が開祖死後の教えの乱れを歎いて正しい教えを書きしるしたものが『[9]』である。

☐ ⑤親鸞の娘が彼の遺骨と木像を安置したことにはじまる京都大谷の浄土真宗の中心寺院が[10]である。

☐ ⑥伊予の有力武士の家にうまれた[11]は、善人・悪人や信心の有無にかかわらず、すべての人が救われるという念仏の教えを説いた。その教えは時宗と呼ばれ、彼に従って全国を遊行した人々は時衆と呼ばれた。また、遊行寺とも呼ばれる相模の[12]はこの宗派の総本山である。

☐ ⑦[13]は念仏を唱えながら鉦(かね)・太鼓に合わせて踊るもので、踊屋をつくって興行する様子が『[14]』に描かれている。一遍は死の直前に著書を焼きすてたが、江戸時代後期に彼の教えなどを編集した『[15]』が刊行されている。

☐ ⑧安房の漁村にうまれた日蓮は、「南無妙法蓮華経」という７字の[16]を唱えることによって救われるという[17]を開いた。

☐ ⑨日蓮は『[18]』という著書や辻説法で法華経を重視して他宗を非難し、国難到来を予言したために伊豆・佐渡に流罪となった。佐渡から帰った彼は、甲斐の豪族に請われて身延山に[19]という中心寺院を開いている。

☐ ⑩目を半眼に開き両足を組んで坐し精神を集中する[20]によって自らを鍛練し、釈迦の境地に近付くことを主張する[21]は、特に関東武士の間に絶大な人気を博した。

☐ ⑪宋に留学し禅宗をもたらしたのは、のちに臨済宗の開祖とあおがれた[22]である。彼が旧仏教側の禅宗非難に対し、禅宗の本質を説いた著書が『[23]』である。

☐ ⑫栄西は鎌倉幕府の保護を受けて鎌倉に寿福寺を、京都に建仁寺を開いた。のちに来日した南宋の禅僧[24]は５代執権北条時頼の帰依を受けて鎌倉に建長寺を開き、また[25]も８代執権北条時宗に招かれて鎌倉に円覚寺を開いた。

☐ ⑬世俗的権威を退け、山中にこもりただひたすら坐禅に徹することを[26]というが、これによって悟りの境地を体得することを説いたのが[27]であった。彼の宗派を曹洞宗といい、福井に開いた中心寺院が[28]である。彼の著書には『[29]』がある。

☐ ⑭新仏教に刺激された旧仏教側では、法相宗の[30]や華厳宗の[31]が法然の念仏に反論し、戒律の尊重を説いて南都仏教の復興に力を注いだ。また、律宗では[32]らが戒律復興を説く一方、奈良に病人の救済施設[33]を建てた忍性のように、慈善事業にも尽力している。

2 鎌倉時代の学問・思想・文学

□ ①すぎさったよき時代への懐古から、公家の間には古典や朝廷の儀式・先例を研究する[34]の学がさかんになった。順徳天皇の『[35]』はその代表的なものである。

□ ②鎌倉時代末には、朱熹が打ち立てた儒学の一派である[36]が伝えられ、その大義名分論は後醍醐天皇を中心とする討幕運動の理論的よりどころとなった。

□ ③『類聚神祇本源』で神主仏従・外宮信仰を主張した伊勢外宮の神官[37]の神道理論は[38]と呼ばれ、後世の神道に大きな影響を与えた。

□ ④歴史を貫く原理をさぐり、道理による歴史解釈を試みた天台座主の[39]は、承久の乱直前に『愚管抄』を著して、後鳥羽上皇の討幕計画をいさめようとしたといわれる。

□ ⑤『[40]』は1180年の源頼政の挙兵から1266年までの諸事件を、日記体でしるした鎌倉幕府の記録で、鎌倉時代の政治史及び武家社会史研究の重要な史料である。

□ ⑥臨済宗の学僧[41]が著した『元亨釈書』は、漢文体で著した日本最初の仏教通史である。

□ ⑦北条氏一門の[42]が武蔵国に[43]を創建して、和漢の書物を集めて学問に励んだことは、内外の文化や学問に対する鎌倉武士の関心の高まりを示すものである。

□ ⑧俗名を佐藤義清(のりきよ)といい、もと北面の武士であった[44]は、出家後に諸国を遍歴しつつ清新な秀歌を詠んだ。『山家集』は自然と旅を詠んだ彼の歌集である。

□ ⑨後鳥羽上皇の命で[45]や藤原家隆らが撰者となって編集された8番目の勅撰和歌集が『[46]』である。その卓越した情趣・技巧、本歌取りなどは新古今調といわれる。

□ ⑩藤原定家に学び、力強く格調高い万葉調の歌を詠んだ3代将軍源実朝は『[47]』を残している。

□ ⑪仏教や世事に関する説話を集めたものには、平易な文体で仏の功徳を説いた無住の『[48]』や、奇談を集めた『宇治拾遺物語』がある。古今の説話を収録し、末尾に教訓を添えたものに橘成季の『[49]』や年少者向けの儒教的な『十訓抄』がある。

□ ⑫『方丈記』は、無情を感じて50歳で出家し隠棲した下鴨神社神職の[50]がその心境を綴った日本の代表的随筆である。また『徒然草』は、動乱期の人間や社会を深く洞察し、簡潔かつ自由な筆で著した[51]の随筆の傑作である。

□ ⑬『[52]』は阿仏尼が実子と継子との所領争論解決のために、鎌倉におもむいた際の紀行文である。紀行文形式の日記には、このほかに『海道記』や源親行の筆ともいわれる『[53]』があり、当時の京都～鎌倉間の東海道を知る資料となっている。

□ ⑭当時の戦乱を題材に、実在の武士の活躍を活写した[54]は、後世に「語り物」として庶民の間でも愛好された。中でも平氏の興亡を主題とした『[55]』は最高傑作とされ、[56]が平曲として語り、文字を読めない人々にも広く親しまれた。

Summary 鎌倉文化Ⅱ

① 鎌倉時代の美術工芸

Point 美術工芸品を通して、新興武士の文化と大陸(宋・元)伝来の文化が公家の伝統文化に融合した鎌倉文化の新傾向をおさえる。

1 建築(寺院建築)

大仏様	**重源**らが宋から輸入した寺院建築様式、大陸的な雄大さと豪放な力強さ、変化に富む美しさをもつ **東大寺南大門**…源頼朝の命により重源が陳和卿の協力を得て再建
禅宗様(唐様)	宋から輸入された禅寺の建築様式、細かな材木を組み合わせて整然とした美しさを出す、急勾配の屋根と反りの強い軒が特徴 **円覚寺舎利殿**(花頭窓・桟唐戸が特徴)、正福寺地蔵堂
和様	平安時代以来の寺院建築様式、ゆるい勾配の屋根と穏やかな反りの軒が特徴 蓮華王院本堂(三十三間堂)、石山寺多宝塔
折衷様	和様の一部に大仏様や禅宗様を加味した寺院建築様式で新和様ともいう 観心寺金堂

2 彫刻

奈良時代の様式に宋の様式を加味、剛健な写実性と豊かな人間味が特徴
東大寺僧形八幡神像〔**快慶**〕、**東大寺南大門金剛力士像**〔**運慶**・快慶ら〕、東大寺重源上人像、興福寺無著像・世親像〔運慶ら〕、興福寺天灯鬼像・龍灯鬼像〔康弁〕、**六波羅蜜寺空也上人像**〔康勝〕、蓮華王院本堂千手観音坐像〔湛慶〕、明月院上杉重房像、高徳院阿弥陀如来坐像(鎌倉大仏、「露坐の大仏」)

東大寺南大門断面図

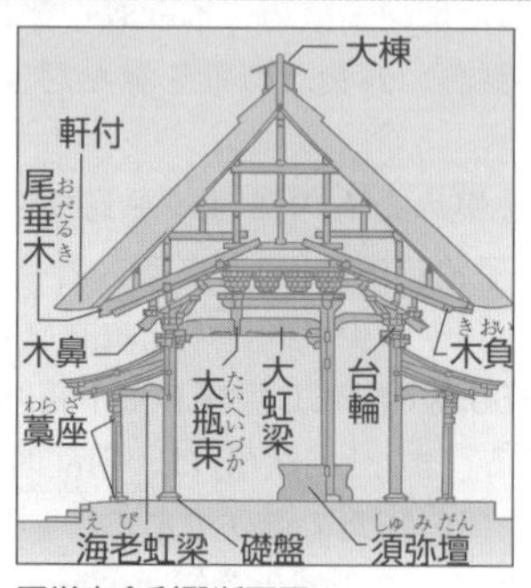

円覚寺舎利殿断面図

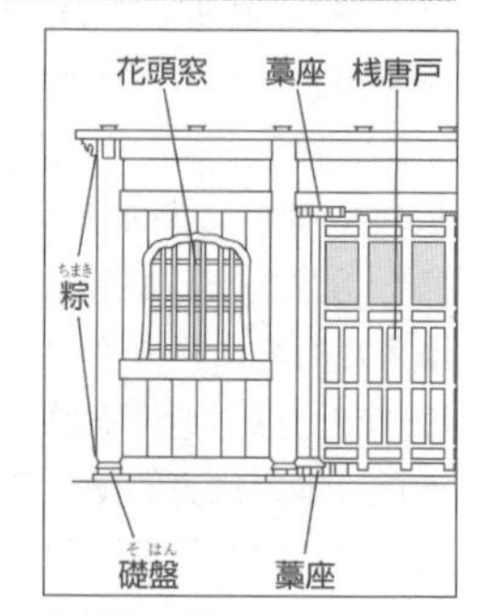

花頭窓と桟唐戸

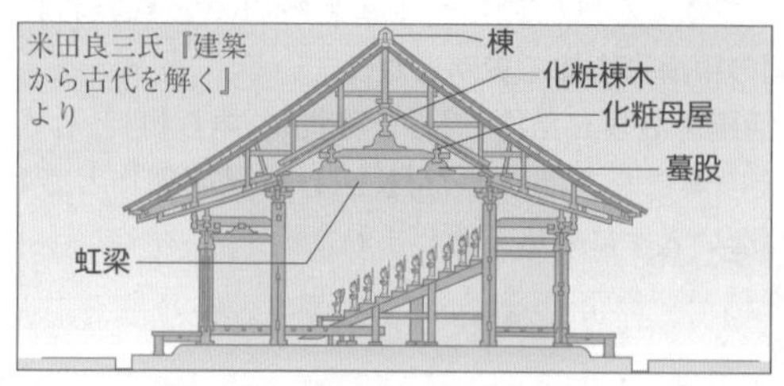

蓮華王院本堂断面図

③ 絵画

絵画	**絵巻物**	寺社の縁起や高僧の伝記などの形で民衆の説教にも利用される 寺社縁起…『北野天神縁起絵巻』、**『春日権現験記絵』**〔高階隆兼〕、『石山寺縁起絵巻』、『粉河寺縁起絵巻』 高僧伝記…『法然上人絵伝』〔土佐吉光ら〕 **『一遍上人絵伝**(一遍聖絵)』〔円伊〕 仏教説話…『餓鬼草紙』、『地獄草紙』、『病草紙』 合戦絵巻…『後三年合戦絵巻』、**『平治物語絵巻』**、**『蒙古襲来絵詞』** その他…『男衾三郎絵巻』
	似　絵	個人の肖像画を写実的に描く 『伝源頼朝像』『伝平重盛像』〔**藤原隆信**〕『後鳥羽上皇像』〔**藤原信実**〕
	頂　相	禅僧の肖像画 『親鸞聖人像』(鏡御影)〔専阿弥陀仏〕『明恵上人樹上坐禅図』〔成忍〕
書道	**青蓮院流**…尊円入道親王が和様に宋・元の書風を加味→江戸時代に御家流 『鷹巣帖』〔尊円入道親王〕…天皇に奉るための習字の手本	
工芸	甲冑…明珍？ 刀剣…備前の長光、京都の藤四郎吉光、鎌倉の正宗 **瀬戸焼**…加藤景正、釉を用いる大陸の製法を導入？	

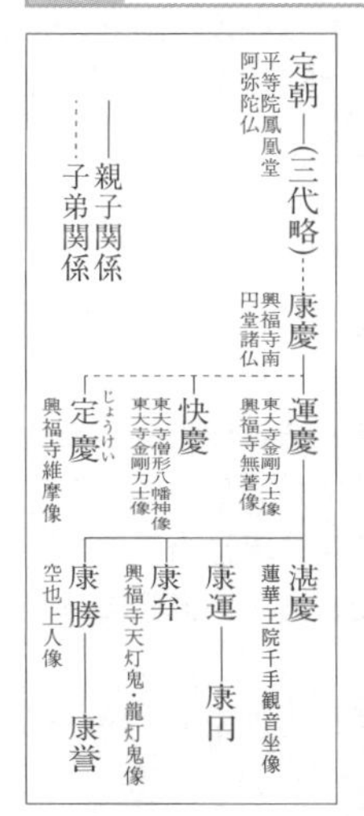

奈良仏師の系譜（慶派）

『春日権現験記絵』

『法然上人絵伝』

『蒙古襲来絵詞』

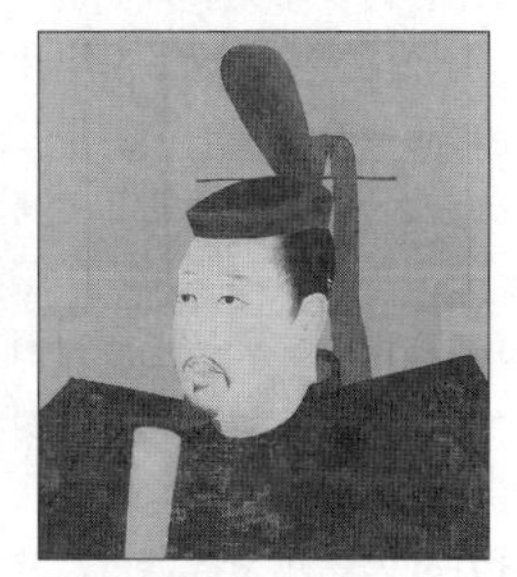

『伝平重盛像』

Speed Check! 鎌倉文化Ⅱ

❶ 鎌倉時代の美術工芸

☐ ①源頼朝の協力を得て造東大寺大勧進職に任じられ、源平の争乱で焼失した東大寺の再建に尽力した留学僧の〔1　〕は南宋の寺院建築様式を採用した。この建築様式は〔2　〕と呼ばれる。代表的建造物には東大寺の〔3　〕があり、挿肘木などに豪放かつ変化に富む美しさをもっているのが特徴である。

☐ ②重源に従って来日し、戦火で焼け落ちた大仏の首を修復したり、鎌倉に下ったのち源実朝の命で大船を建造した宋の工人が〔4　〕である。

☐ ③円覚寺の〔5　〕は、宋から輸入され鎌倉時代の禅宗寺院に多く用いられた〔6　〕という建築様式の代表的遺構で、細かい材木を用いて整然とした美しさを出している。

☐ ④大陸の建築様式に対して、〔7　〕や石山寺多宝塔は、平安時代以来の日本的なやわらかな美しさをもつ〔8　〕建築の代表例である。

☐ ⑤和様に大仏様や禅宗様を部分的に加味した建築様式を〔9　〕といい、河内の〔10　〕などが代表的建造物である。

☐ ⑥定朝の孫頼助の一門は、興福寺の復興を機に奈良に住んでいたことから、京都仏師に対して〔11　〕の名がある。

☐ ⑦写実的かつ剛健な手法の鎌倉彫刻を樹立した〔12　〕は康慶を父にもつ奈良仏師で、源平の争乱で焼失した東大寺や興福寺の復興に彫刻部門で貢献した。興福寺所蔵の〔13　〕は法相宗の祖であるインド僧とその弟の肖像彫刻で、彼の代表作である。

☐ ⑧康慶の弟子〔14　〕は温和な写実派といわれ、安阿弥様(あんなみよう)という気品ある作風で知られる。東大寺の〔15　〕は重源の命で彼がつくった鎌倉時代の新気風を示す作品である。

☐ ⑨寄木造の傑作といわれる〔16　〕は、運慶・快慶・定覚・湛慶(運慶の長男)らの合作による阿形(あぎょう)・吽形(うんぎょう)の仁王像で、阿形像は快慶作と伝えられる。

☐ ⑩運慶の第3子康弁の作といわれる興福寺の〔17　〕は、堂内の仏前の飾り灯籠としてつくられた木像で、力のこもった写実的な作風で邪鬼の姿をユーモラスに表現している。

☐ ⑪鎌倉肖像彫刻の代表的木像である六波羅蜜寺の〔18　〕は運慶の第4子康勝の傑作で、鹿角の杖をつき念仏を唱えて行脚する姿を写したものである。また、東大寺復興に努力した高僧を写実的に表現した〔19　〕も慶派の作と推定されている。

☐ ⑫武人の肖像彫刻として有名なものには、六波羅蜜寺の伝平清盛僧形坐像や上杉氏の祖をモデルとした明月院所蔵の〔20　〕がある。

☐ ⑬通称鎌倉の大仏と呼ばれる〔21　〕は奈良の大仏に次ぐ巨大な仏像で、東国の勧進上人浄光が寄付を募り、1252年に金銅仏に改鋳した。大仏殿をともなわない「露坐の大仏」である。

☐ ⑭寺社の縁起を描いた絵巻物には、菅原道真の生涯と神社の由来を描いた鎌倉時代初期の『〔22　〕』がある。

☐ ⑮平安時代末から鎌倉時代初期に成立した絵巻物で、粉河寺本尊の造像の由来と本尊にまつわる霊験を描いたものが『〔23　〕』である。

☐ ⑯7巻のうちの前半の3巻を高階隆兼が描いた鎌倉時代後期の絵巻物に『〔24　〕』がある。

隆兼の作品にはこのほかに、春日明神の霊験を描いた『[25　]』もある。

☐ ⑰高僧の伝記を描いた絵巻物のうち、浄土宗の開祖の生涯を土佐吉光らが描いた全48巻からなる『[26　]』は現存絵巻で最大のものである。また、時宗の開祖の生涯を描いた円伊の『[27　]』には、写実的な絵で日本各地の自然や庶民の生活の様子が正確に描かれている。

☐ ⑱仏教の経典に説かれた地獄の場面を絵にして説明を付けた絵巻物に『[28　]』があり、国宝に指定されている。これは前世の業によっておもむくとされる地獄・餓鬼・畜生・修羅・人間・天の六道を描いた『六道絵巻』とともに代表的な仏教絵巻の一つである。

☐ ⑲平安時代末から鎌倉時代初期の絵巻物で各種の奇病や身体の異常に関する記述・説話を集めたのが『病草紙』で、前世の悪業の報いで救われない餓鬼の苦しみを描いた鎌倉時代初期の絵巻物が『[29　]』である。

☐ ⑳合戦を描いた絵巻物には、源義家が飛ぶ雁の列の乱れで敵の伏兵を知る話で有名な『[30　]』がある。また、平治の乱を題材とした『[31　]』や、蒙古襲来に奮戦した肥後の御家人竹崎季長が武功を子孫に伝えるために描かせた『[32　]』がある。

☐ ㉑地方武士の生活を描いたものには、武蔵国の武家の兄弟の物語で、特に笠懸の訓練の様子を伝えるものとしてよく知られている『[33　]』がある。

☐ ㉒鎌倉時代に発達した大和絵の肖像画を[34　]といい、実際の人物を写実的に描き、その個性までも表現している。

☐ ㉓似絵の画家として知られる[35　]は歌人藤原定家の異父兄で、作品には平清盛の長男を描いたとされる『伝[36　]』や、『伝源頼朝像』がある。その子[37　]は父とともに似絵の大家として知られ、『後鳥羽上皇像』などの作品を残している。

☐ ㉔藤原信実の子専阿弥陀仏の写生した『親鸞聖人像』は親鸞在世中の肖像画で、[38　]の別名をもつ。

☐ ㉕禅宗で修行僧が一人前になった時に、師が自ら肖像画に自賛を書いて与えたものを[39　]という。成忍の作といわれる高弁の坐禅する姿を伝えた『[40　]』はその代表作である。

☐ ㉖平安時代以来の和様をもとに、宋・元の書風を加味して[41　]を創始した尊円入道親王が、後光厳天皇に奉るために書いた習字の手本が『[42　]』である。この流派はのちに書道の主流となり、江戸時代の御家流に発展した。

☐ ㉗工芸では、武士の成長とともに武具の制作がさかんになった。刀剣では、京都の[43　]が鎌倉の[44　]とともに鎌倉時代後期の名刀鍛冶の双璧とうたわれた。また、[45　]は備前物の名声を高めた刀工であるといわれる。

☐ ㉘道元とともに入宋した加藤景正は、釉を用いる中国の陶器製法を伝え、尾張に窯を開いて[46　]の開祖となったという伝承がある。

Summary 室町文化 I

1 動乱期の文化

Point 南北朝の動乱の時代を背景として発達した歴史書や軍記物語を中心とする学問・思想、文芸をおさえる。

学問思想	有職故実	『職原抄』〔北畠親房〕 『建武年中行事』〔後醍醐天皇〕
	歴史書	**『神皇正統記』**〔北畠親房〕…南朝の皇位継承の正統性を主張 『増鏡』…源平争乱以後の歴史を南朝側の公家の立場から記述 『梅松論』…足利氏による政権獲得過程を武家の立場から記述
文学	軍記物語	**『太平記』**…後醍醐天皇の討幕計画から南北朝動乱までを和漢混淆文で描く→太平記読みによって普及 『難太平記』〔今川了俊(貞世)〕…足利尊氏挙兵以来の今川家の事績 『曽我物語』…曽我兄弟の仇討ち物語(口承伝説→書物)
	和歌	『新葉和歌集』〔宗良親王〕
	連歌	**『菟玖波集』**〔二条良基〕…最初の連歌集で準勅撰となる →連歌の流行 『応安新式』〔二条良基〕 …連歌の規則を集大成
絵画	絵巻物	『慕帰絵詞』…覚如の伝記
建築		永保寺開山堂〔夢窓疎石〕…禅宗様
庭園		天龍寺庭園〔夢窓疎石〕 西芳寺(苔寺)庭園〔夢窓疎石〕 …**枯山水**と池泉廻遊式
その他		茶の湯…**闘茶・茶寄合**

歌会(『慕帰絵詞』)

2 室町文化の成立

Point 3代将軍足利義満の時代を中心に開花した武家文化が、公家文化を基礎に、宋・元・明の禅宗文化の影響を受けて成立したことをおさえる。この時期の文化を「北山文化」と呼ぶこともある。

宗教	禅宗	足利尊氏が臨済宗の**夢窓疎石**に帰依 足利義満が南宋の官寺の制にならい、**五山・十刹**の制を確立 →僧録制度の確立(初代僧録司:春屋妙葩) ┌南禅寺(五山の上) ├**京都五山**:天龍寺・相国寺・建仁寺・東福寺・万寿寺 ├**鎌倉五山**:建長寺・円覚寺・寿福寺・浄智寺・浄妙寺 └**十刹**(五山につぐ官寺)
学問	**五山文学**	五山派の**絶海中津**(相国寺)・**義堂周信**(南禅寺)の活躍 五山版(五山・十刹の経典や漢詩文集の木版印刷)の出版

芸能	**能**	大和猿楽四座(本所：興福寺、金春・金剛・観世・宝生座)の成立 観世座の**観阿弥**・**世阿弥**(著書：『**風姿花伝**(**花伝書**)』) 猿楽能を完成、謡曲(能の脚本)の執筆

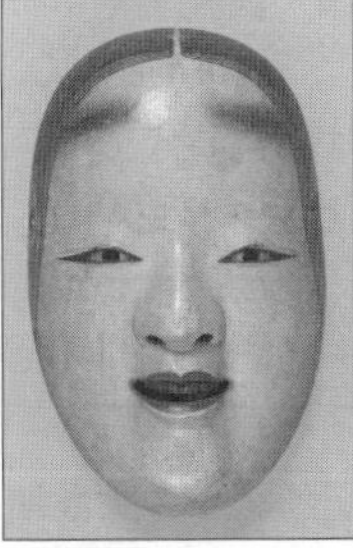

能面「小面」

狂言面「小武悪」

観世能図(『洛中洛外図屏風』)

建築	**鹿苑寺金閣**…寝殿造風＋禅宗様 興福寺五重塔…和様
庭園	鹿苑寺庭園
絵画	**水墨画** 宋・元画の輸入 →禅僧による宗教画(禅機画)から山水画へ 『五百羅漢図』〔**明兆**・東福寺〕 『**瓢鮎図**』(妙心寺退蔵院蔵)〔**如拙**・相国寺〕 『寒山拾得図』〔伝**周文**・相国寺〕

鹿苑寺金閣

西芳寺庭園

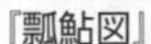

『瓢鮎図』

『寒山拾得図』

Speed Check! 室町文化 I

1 動乱期の文化

☐ ①公家の学問・思想では有職故実が主流であったが、後醍醐天皇は故事・典礼・年中行事を仮名を用いて記述した『〔1 〕』を著し、朝儀復興を念願した。

☐ ②南北朝の動乱期に、南朝に同情的な貴族によって書かれた『〔2 〕』は鎌倉時代についての編年体の歴史書である。また、『職原抄』の著者でもある南朝の重臣〔3 〕は『〔4 〕』を著し、皇位継承の道理を説いて南朝の正統を主張した。

☐ ③足利尊氏の幕府創立を中心にした南北朝時代の戦記が『〔5 〕』で、そこでは足利氏による政権獲得過程が武家の立場からしるされている。

☐ ④『〔6 〕』は、後醍醐天皇の討幕計画以後の南北朝動乱についての軍記物語で、動乱期の戦乱と社会的変革を活写している。これは、節付けされ〔7 〕と呼ばれる物語僧によって、室町時代以降に民間に広められた。

☐ ⑤有力守護の今川了俊が、足利尊氏挙兵以来の今川氏の事績を述べ、『太平記』の記述の誤りを訂正したのが『〔8 〕』である。

☐ ⑥口承伝説として民衆に共感された武家の兄弟の仇討ち物語が、室町時代初期に書物として成立したのが『〔9 〕』である。また、源義経の幼少期と末期の不遇な時代を同情的に描き、民衆的義経伝説のもととなったのが『義経記(ぎけいき)』である。

☐ ⑦後醍醐天皇の皇子宗良親王の撰になる『〔10 〕』には、南朝の天皇・朝臣の悲境下の感慨に満ちた歌が集められている。

☐ ⑧〔11 〕は和歌を上の句と下の句に分け、一座の人々がつぎつぎに連作して50句・100句にまとめた共同作品で、室町時代に大成された。

☐ ⑨『〔12 〕』は、北朝側の摂関・太政大臣をつとめた〔13 〕が撰集した最初の連歌集で、準勅撰とされて連歌の地位を高めた。また、『応安新式』は彼が連歌の規則を集大成したものである。

☐ ⑩本願寺第3世覚如の一代を描いた『〔14 〕』は南北朝時代の絵巻物で、土佐派の画風とともに歌会や琵琶法師の風体など、当時の生活・文化活動を知ることができる重要な資料である。

☐ ⑪代表的な枯山水の庭園には、「苔寺」の俗称で知られる〔15 〕庭園がある。夢窓疎石は池・滝・石組により構成した天龍寺庭園を作庭したが、同じく疎石の手になるこの庭園の石組構成は、ほかの庭園の模範となった。

☐ ⑫会衆が幾種類かの茶を飲み、その産地を味別する競技を〔16 〕という。また、多人数で茶の会合をもち、自由な酒食をともなう娯楽的な茶会を〔17 〕といい、南北朝から室町期に武家や庶民の間で流行した。これらの流行を導いた新興武士たちの新しもの好きの気質を〔18 〕という。

2 室町文化の成立

☐ ①室町幕府の3代将軍〔19 〕は、京都の北山に山荘を構えたが、そこにいとなまれた壮麗な鹿苑寺〔20 〕の建築様式は当時の文化の特徴をよく表しているところから、この時期の文化を〔[21]　〕と呼ぶこともある。

☐ ②鎌倉時代を通じて武家社会の上層に浸透した臨済宗は、〔[22]　〕が足利尊氏の厚い帰依を受け、幕府の保護のもとで大いに栄えた。彼が開山した〔[23]　〕は庭園でも有名な京都五山第1位の寺院で、門下からは傑僧が多く輩出されている。

☐ ③足利義満は南宋の〔[24]　〕にならって、京都と鎌倉に〔[25]　〕を整え、これに次ぐ10寺を組織して〔[26]　〕とした。そして僧録をおいてこれらを管理し、住職を任命した。

☐ ④〔[27]　〕を五山のうえにおき、京都五山に天龍・相国・建仁・東福・万寿寺の臨済宗5大寺が、鎌倉五山に〔[28]　〕・円覚・寿福・浄智・浄妙寺の5大寺が定められた。これら五山の禅僧による中国の影響が強い文化は、武家文化にも大きな影響を与えた。

☐ ⑤五山の禅僧による宋学の研究や漢詩文の創作は〔[29]　〕と呼ばれ、この時代の学問の中心となった。夢窓疎石に師事し足利義満に重用された南禅寺の〔[30]　〕や相国寺の〔[31]　〕らは、〔[32]　〕という禅の経典・漢詩文集を出版するなど、その最盛期を築いた。

☐ ⑥社寺の祭礼で行なわれていた猿楽に民間の田楽をとり入れ、宗教的芸能から庶民的な舞台芸術に発展したのが〔[33]　〕である。このころ、寺社の保護を受けて座を結成した芸能集団があらわれ、なかでも興福寺を本所とした金春・金剛・観世・宝生座は〔[34]　〕と呼ばれた。

☐ ⑦観世座に出た〔[35]　〕・〔[36]　〕父子は、足利義満の保護を受け、物真似をもとに田楽や曲舞などの歌舞的要素をとり入れて幽玄で芸術性の高い〔[37]　〕を完成した。

☐ ⑧観阿弥・世阿弥は能の脚本である〔[38]　〕を多く書き、世阿弥は『〔[39]　〕』という能の真髄を述べた理論書を残している。また、世阿弥が談話した能の具体的芸道論を子の観世元(もと)能(よし)が筆録したものを『申楽談儀(さるがくだんぎ)』という。

☐ ⑨足利義満の京都北山第は彼の死後〔[40]　〕となった。舎利殿として建てられた邸内の3層の楼閣は、初層の阿弥陀堂に〔[41]　〕風の建築様式を、第3層の仏殿に〔[42]　〕の建築様式を用いた構造になっている。この楼閣の2・3層には金箔が施されていることから「金閣」と通称されている。

☐ ⑩寺院建築においては、禅宗様が著しい発展を示している。また、伝統的な和様建築はいぜんとして奈良の地で保たれており、〔[43]　〕にその姿をみることができる。

☐ ⑪〔[44]　〕は、墨の濃淡・強弱によって描かれた東洋独特の絵画で、禅僧により宋・元より伝えられた。そして、禅の公案を題材とした禅機画(禅の悟りを開く機縁を描いた絵)から、しだいに風景を描いた〔[45]　〕へと発展していった。

☐ ⑫室町時代初期の水墨画家には、『五百羅漢図』を描いた東福寺の画僧〔[46]　〕、山水画の構成をもつ禅機画として有名な『瓢鮎図』を描いた相国寺の〔[47]　〕や、彼のあとを受けて水墨画を発展させた『寒山拾得図』の作者とされる〔[48]　〕が知られている。

Summary 室町文化Ⅱ

1 室町文化の展開

Point 4代将軍足利義持から8代将軍足利義政の時代には、公家・武家・禅宗文化の融合が進み、幽玄・枯淡・閑寂の境地に達した。また、応仁の乱以後、文化の地方普及と民衆化が進んだことをおさえる。この時期の文化を「東山文化」と呼ぶこともある。

宗教	禅宗	五山派…保護者であった幕府の衰退とともに低調となる **林下**…民間布教につとめた禅宗諸派が地方武士・民衆から支持される 臨済系：大徳寺(一休宗純)・妙心寺 曹洞系：永平寺・総持寺
	浄土真宗(一向宗)	本願寺派8世法主**蓮如**(兼寿)の**御文**→**講**の組織、門徒の拡大(越前吉崎道場・摂津石山本願寺)→**一向一揆**(1488年、**加賀の一向一揆**)
	日蓮宗(法華宗)	**日親**の布教(京都)→**法華一揆**(1536年、**天文法華の乱**)
	唯一神道	**吉田兼倶**の反本地垂迹説…神道を中心に儒学・仏教を統合
学問	五山文学	『梅花無尽蔵』〔万里集九〕
	有職故実	『公事根源』〔**一条兼良**〕…朝廷の年中行事の起源や変遷
	古典研究	『花鳥余情』〔一条兼良〕…『源氏物語』の注釈書
	政治	『**樵談治要**』〔一条兼良〕…9代将軍足利義尚の問いに答えた政治意見書
	歴史	『善隣国宝記』〔瑞溪周鳳〕…日本最初の外交史
	地方への文化の普及	肥後・薩摩…**桂庵玄樹**(『大学章句』)→薩南学派 土佐…南村梅軒(実在は不明)→南学(海南学派) 下野…上杉憲実が再興した**足利学校**(「坂東の大学」) 教科書『庭訓往来』『御成敗式目』、辞書『節用集』の編纂
庶民文化その他	民間芸能	能・**狂言**(猿楽・田楽から発達した風刺性の強い喜劇)の民衆化 幸若舞・古浄瑠璃・**盆踊り**(風流と念仏踊りが結合)の流行 **小歌**の流行 『**閑吟集**』…小歌・宴曲・童謡などを集録
	連歌	**宗祇**ら**連歌師**の遍歴で地方の武士や民衆の間で流行 **正風連歌**：『**新撰菟玖波集**』〔宗祇〕…準勅撰の約2000句の連歌集 『水無瀬三吟百韻』〔宗祇・肖柏・宗長〕 …水無瀬離宮で宗祇師弟が詠んだ連歌百句 **俳諧連歌**：『**犬筑波集**』〔**宗鑑**〕…自由で滑稽な庶民的な連歌集
	和歌	東常縁・宗祇により**古今伝授**(『古今和歌集』の解釈などの秘事口伝)が整備

	御伽草子	庶民を対象とした、読んで、話して、絵を楽しむ通俗的な短編小説 武家物…『酒呑童子』『御曹子嶋渡り』 庶民物…『文正草子』『物くさ太郎』『一寸法師』『浦島太郎』 異類物…『さるかに合戦』『鼠の草子』『十二類絵巻』  御伽草子『物くさ太郎』
	茶道（茶の湯）	闘茶・茶寄合→**侘茶**の成立　**村田珠光**→**武野紹鷗**→千利休
	花道（生花）	供花→立花→池坊花道の成立　池坊専慶→専応→専好
建築		**慈照寺銀閣**…住宅風＋禅宗様 **慈照寺東求堂同仁斎**…**書院造**
庭園	**枯山水**	善阿弥ら山水河原者の活躍 **龍安寺庭園**（**石庭**） **大徳寺大仙院庭園**
絵画	水墨画	**雪舟**が日本的な水墨画様式を大成 『**四季山水図巻**（山水長巻）』『**秋冬山水図**』〔雪舟〕
絵画	大和絵	**土佐派**（土佐光信）と**狩野派**（狩野正信・元信）の確立 『周茂叔愛蓮図』〔正信〕 『**大徳寺大仙院花鳥図**』〔元信〕
工芸		能面の制作 金工…後藤祐乗

慈照寺銀閣

東求堂同仁斎

龍安寺石庭

大徳寺大仙院庭園

『四季山水図巻（山水長巻）』「春」（左）と「秋」（右）

『大徳寺大仙院花鳥図』

Speed Check! 室町文化Ⅱ

❶ 室町文化の展開

□ ①応仁の乱を避けて趣味的生活をいとなむ室町幕府の８代将軍〔1　〕の時代を中心に、禅宗や大陸文化の影響を受けた幽玄・枯淡の芸術が開花した。この15世紀後半の文化は、彼が京都の東山に建てた慈照寺〔2　〕に象徴されるところから〔3　〕と呼ばれることもある。

□ ②禅宗では、幕府の保護を受けていた五山派に対し、〔4　〕と呼ばれた禅宗諸派が地方武士や民衆の支持を受けて各地に広がった。臨済宗では、大徳寺の〔5　〕が貴族的・出家的・禁欲的な禅に対し、庶民的・在家的な禅を説いて人気があった。

□ ③浄土真宗は、応仁の乱のころ、本願寺第８世〔6　〕が御文と呼ばれる平易な文章などによって農民や商人、手工業者に信者を拡大していった。その結果、各地に〔7　〕という信者(門徒)の寄合が結成され、信仰が深められた。

□ ④本願寺派の勢力は、越前吉崎道場や摂津〔8　〕を中心に北陸・東海・近畿地方で強大化し、門徒集団の一揆は大名権力としばしば衝突した。その代表的な事件が、1488年に守護富樫氏を破り、以後約１世紀にわたって自治支配を展開した〔9　〕である。

□ ⑤東国から京都へ進出した日蓮宗は、〔10　〕が中国・九州地方に勢力をのばしていった。京都の日蓮宗の信者は〔11　〕を結成して一向一揆と対決したが、1536年に延暦寺と衝突し一時京都を追われた。この戦いを〔12　〕という。

□ ⑥〔13　〕は、京都吉田神社の神職〔14　〕が大成した神道教説で、反本地垂迹説にもとづき本地で唯一なるものを神とし、儒教・仏教をもとり入れて統合したものである。

□ ⑦太政大臣・関白にまで昇進した室町時代随一の学者とされる〔15　〕は、朝廷の年中行事の起源や変遷を述べた『〔16　〕』や、『〔17　〕』という９代将軍足利義尚の問いに答えた政治上の意見書、『源氏物語』の注釈書である『花鳥余情』などを残している。

□ ⑧室町時代には、民衆の地位の向上によって武士や公家だけではなく、民衆が参加し楽しむ文化がうまれた。能の合間に演じられる〔18　〕は、猿楽や田楽のもつ物真似などを受け継ぎ、風刺性の強い喜劇として特に民衆にもてはやされた。

□ ⑨〔19　〕は越前国の幸若大夫一派の舞で、牛若丸と浄瑠璃姫との恋物語からその名ができたという〔20　〕や、俚謡(りよう)・流行歌などの小歌とともに庶民の間で流行した芸能である。小歌の歌集として編集された『〔21　〕』は、当時の庶民生活を知る好資料である。

□ ⑩華やかな仮装や異様な風体で踊る都市や農村で行なわれていた〔22　〕と、念仏・和讃を唱えて踊る〔23　〕とが結び付いて、しだいに定着した民衆芸能が〔24　〕である。

□ ⑪応仁のころに出た〔25　〕は、娯楽的・庶民的に発達した連歌を深みのある芸術的なものにまで高めて、〔26　〕を確立した。彼が編集した『〔27　〕』は、勅撰に準じられた連歌集である。また、２人の弟子と、後鳥羽上皇を祀る摂津の水無瀬宮で詠んだ連歌百句は、『水無瀬三吟百韻』と呼ばれている。

□ ⑫連歌から俳諧への推進者である〔28　〕は、自由な庶民的精神を根本とする『〔29　〕』を編集して、〔30　〕の祖とあおがれた。

□ ⑬和歌の世界では、二条・京極・冷泉の３家に分かれて対立したが、二条派歌人の東常縁は、『古今和歌集』の故実・語釈などの秘伝を弟子に授ける[31]をはじめた。これは常縁から宗祇を経て近世に及んだ。

☐ ⑭室町時代に大いに流行した短編物語に[32]がある。内容は武家物・庶民物・異類物など多種多様で、全般に仏教思想の影響が強い。

☐ ⑮『一寸法師』や『浦島太郎』などは今日も親しまれているが、落とした餅を拾おうともしない不精者が都に出て急に誠実な男になり出世する『[33]』の話は、機会をつかんでのし上がろうとするこの時代の人々の気持ちをよく伝えている。

☐ ⑯豪華な書院の茶に対し、簡素な草庵・小座敷と道具立てで茶の精神的深さを味わうものを[34]といい、これは一休宗純から禅の精神を学んだ[35]によってはじめられ、やがて堺の[36]を経たのち、千利休によって完成された。

☐ ⑰京都頂法寺の僧侶であった[37]は、生花を芸術的に高め池坊流の祖となった。池坊流は戦国時代の池坊専応、江戸時代初期の池坊専好によって発展した。

☐ ⑱[38]は室町時代に成立した住宅建築様式で、寝殿造を母体とし、押板・棚・付書院という座敷飾をもち、襖などで数室に間仕切りした部屋に畳を敷いて明障子を用いるなどの特徴がみられる。足利義政が東山の山荘内にいとなんだ書斎・茶室の[39]は、その代表的な建造物である。

☐ ⑲足利義政が足利義満の北山山荘にならって造営した東山山荘は彼の死後[40]となった。その観音堂は銀箔を貼る計画があったといわれるところから「銀閣」と呼ばれる。銀閣は、上層に[41]を、下層に住宅風の建築様式を用いた構造になっている。

☐ ⑳狭い長方形の平庭に白砂と「虎の子渡し」と呼ばれる15個の石を配置した[42]や大徳寺[43]は、枯山水の作庭様式を用いた名園である。

☐ ㉑日本の水墨山水画を完成した相国寺の画僧[44]の代表作には、『秋冬山水図』や『[45]』がある。

☐ ㉒大和絵では、水墨画の技法をとり入れて公武両階級に好まれた[46]が土佐派の基礎を固めた。幕府御用絵師の[47]と、その子で『大徳寺大仙院花鳥図』の作者である[48]は、狩野派の画風を確立した。

☐ ㉓彫金家の[49]は足利義政に仕え、刀剣の目貫(めぬき)や小柄(こづか)などの彫刻に手腕を発揮し、代々金工の宗家となった。

☐ ㉔肥後の菊池氏や薩摩の島津氏に招かれて儒学を講義した[50]は、『大学章句』を刊行し[51]のもとを開いた。また、土佐でも[52]が朱子学を講じて[53]の祖となったとされるが確証はない。

☐ ㉕関東管領[54]によって再興され、戦国時代には「坂東の大学」と呼ばれた下野の[55]や各地の寺院では、地方武士の子弟の教育が行なわれた。教科書には『御成敗式目』や書簡形式で武士の心得や知識を網羅した『[56]』などがつかわれた。

☐ ㉖都市の有力な商人の間でも読み・書き・計算の必要から、『[57]』という日常語句を類別した辞書を刊行するものがあらわれた。

Summary 近世初期の文化

1 桃山文化

Point 城郭建築の特色をとらえるとともに、障壁画に注目する。町衆の生活文化や庶民にまで広まった南蛮文化にも注目する。

1 桃山美術

時期	**安土・桃山時代**…織田信長と豊臣秀吉の時代(16世紀後半～17世紀初め) 桃山：秀吉晩年の伏見城の跡地
特色	①新興の大名や富裕な豪商(**町衆**ら)によって培われた文化 ②仏教色が薄く、新鮮味あふれる豪華・壮大な文化 ③琉球・朝鮮の文化や**南蛮文化**の影響
建築	**城郭** 　**安土城・大坂城・伏見城・聚楽第** 　松本城天守閣・二条城二の丸御殿 　平山城・平城：濠・土塁・郭／天守閣…軍事・政庁的性格／書院造…居館的性格 　内部…**濃絵**の豪華な**障壁画** 　　**欄間彫刻**(透彫) 　遺構…伝聚楽第遺構：大徳寺唐門・西本願寺飛雲閣 　　伏見城遺構：**都久夫須麻神社本殿**・西本願寺唐門 書院造　醍醐寺三宝院表書院・西本願寺書院(鴻の間) 茶室　**妙喜庵茶室**(待庵、伝千利休) 姫路城(白鷺城)
障壁画	狩野派 　**狩野永徳**…『洛中洛外図屏風』『檜図屏風』 　**狩野山楽**…『松鷹図』『牡丹図』 　狩野長信…『花下遊楽図屏風』 　狩野秀頼…『高雄観楓図屏風』 　狩野吉信…『職人尽図屏風』 **長谷川等伯**…『松林図屏風』 伝長谷川等伯…『**智積院襖絵楓図**』 **海北友松**…『山水図屏風』 『唐獅子図屏風』(狩野永徳)
工芸	漆器…高台寺蒔絵(秀吉の妻北政所が愛用した蒔絵の調度品類を総称したもの) 染織…西陣織の創始 **活字印刷術**(朝鮮伝来)…**慶長版本**(勅版)＝慶長年間、後陽成天皇の勅命

2 芸能：都市(京・大坂・堺・博多)で活動する町衆や新興武将の間で大流行

茶道	堺の**千利休** 　**侘茶**…簡素・閑寂＝茶道の確立 　1587　秀吉と北野大茶湯 　三宗匠(今井宗久・津田宗及)と称された 織田有楽斎…信長の弟、如庵(暦張り) 古田織部…利休の高弟、武家的茶道成立 小堀遠州…江戸幕府作事奉行、将軍の茶の湯師範 ※花道や香道も発達	 妙喜庵茶室(待庵)
演芸	**阿国歌舞伎**(かぶき踊り)…出雲お国(阿国)が創始、女歌舞伎へ ｝三味線の伴奏 **人形浄瑠璃**…浄瑠璃節と操り人形 **隆達節**…堺の商人高三隆達による小歌の節付け	
生活文化	上層の礼服 ┌男性：肩衣・袴(裃)、武士の略式の礼服 　　　　　 └女性：打掛を肩ぬぎし腰巻とする 庶民の服　**小袖**の着流し 1日3回の食事、京都では瓦屋根の2階建てが出現	

3 南蛮文化

特色	①スペイン・ポルトガル風俗の広まり ②南蛮寺(教会堂)の建築			 『南蛮屏風』
教育・学問	初等・中等…セミナリオ 宣教師養成…コレジオ 実用的学問 ｛天文・地理・暦学 　医学・絵画・航海術	活字印刷術	ヴァリニャーノ→活字印刷術 **キリシタン版**(天草版) ｛天草版『平家物語』 　『日葡辞書』	

2 寛永期の文化

Point **本阿弥光悦や俵屋宗達らの京都の豪商が、桃山文化と公家文化の伝統のうえに新しい芸術を築いたことに注目する。**

特色	①幕藩体制に順応した文化 ②華麗な桃山文化を継承
建築	**権現造**…**日光東照宮**など**霊廟建築**の流行 **数寄屋造**…**桂離宮**：後陽成天皇の弟の八条宮智仁親王と子の智忠親王が造営 　　　　　修学院離宮：後水尾天皇が造営 黄檗宗寺院…万福寺・崇福寺
美術工芸	**狩野探幽**(狩野派)…幕府の御用絵師、『大徳寺方丈襖絵』 **俵屋宗達**…装飾画に新様式、**『風神雷神図屏風』** **本阿弥光悦**…鷹ヶ峰に芸術村、書・蒔絵・楽焼、『舟橋蒔絵硯箱』 陶器…薩摩焼・萩焼・平戸焼・高取焼 **磁器**…有田焼 　**酒井田柿右衛門**：**上絵付**の技法を用いる**赤絵**、**『色絵花鳥文深鉢』**

Speed Check! 近世初期の文化

❶ 桃山文化

☐ ①安土・桃山時代を象徴する文化遺産として、大名の富と権力で築かれた〔1 〕がある。これは、〔2 〕にみられる軍事・政庁的性格と、〔3 〕にみられる居館的性格を合わせもった壮大なものであった。

☐ ②中世の城は天然の要害を利用した山城だったが、安土・桃山時代になると、鉄砲の伝来による戦闘法の変化と領国支配のために〔4 〕が発達した。

☐ ③池田輝政(てるまさ)の居城として慶長年間に築城された〔5 〕は、播磨平野の丘陵上にある代表的〔6 〕で、連立式天守閣の遺構である。

☐ ④城郭の内部を飾った〔7 〕には、金地にあでやかな濃い色彩で描かれた〔8 〕と水墨画がある。

☐ ⑤豊臣秀吉が内裏跡に建築し、1588年に後陽成天皇の行幸をあおいだ城郭風邸宅である〔9 〕の遺構と伝えられるものには西本願寺の〔10 〕や大徳寺の唐門がある。

☐ ⑥桃山の名のおこりは、〔11 〕の跡に桃が植えられたことによるが、この城の遺構としては琵琶湖の竹生(ちくぶ)島にある〔12 〕などが知られる。

☐ ⑦濃絵の画家として当時第一人者であったのは〔13 〕で、京都内外の名所や庶民生活を描いた『〔14 〕』や雌雄一対の獅子を描いた『〔15 〕』、『檜図屛風』が代表作である。

☐ ⑧豊臣秀吉の小姓出身で狩野永徳の養子となった〔16 〕は、『牡丹図』や雄大な『〔17 〕』で有名である。

☐ ⑨朝霧が立ちこめる中、黒く姿を表している松林と、かすむ松林を描いた『〔18 〕』は〔19 〕の作である。

☐ ⑩〔20 〕は濃墨の鋭い筆勢を示す『〔21 〕』などで知られ、金碧画と水墨画の両方に個性的な作品を残している。

☐ ⑪桜の花の下で貴人と供の男女が遊んでいる様子を六曲二双の屛風に描いた『〔22 〕』は、狩野永徳の末弟の〔23 〕の作品である。

☐ ⑫狩野秀頼が京都高雄の秋に遊ぶ人々を描いた『〔24 〕』は、狩野派の初期風俗画として有名である。

☐ ⑬豊臣秀吉夫人である北政所が京都に草創した寺院に残る〔25 〕は、柱や須弥壇などの黒漆に豪放な模様を残している。

☐ ⑭朝鮮侵略の際、朝鮮から〔26 〕が伝えられ、数種の書物が出版された。このうち後陽成天皇の勅命でなされた日本最初の木製活字本を〔27 〕という。

☐ ⑮堺の豪商千利休は草庵の茶である〔28 〕を完成させ、〔29 〕を確立した。これは簡素・閑寂を精神とするものであった。

☐ ⑯1587年、豊臣秀吉は京都で〔30 〕を開き、千利休・今井宗久・津田宗及らの茶人を中心に、貧富・身分の別なく参加させた。

☐ ⑰京都府大山崎の臨済宗禅院に残る〔31 〕は、２畳の茶室で千利休造作と伝えられる簡素なものである。

☐ ⑱織田信長の弟〔32 〕は、茶道専念の生涯を送り、京都建仁寺境内に〔33 〕を建てた。これは暦張りの席で知られる。

□ ⑲千利休の高弟〔34　〕は織田信長・豊臣秀吉に仕えた大名であり、武家的茶道を確立したが、大坂の陣で自刃した。

□ ⑳江戸幕府の作事奉行であった〔35　〕は、名古屋城・大坂城・伏見城の工事も担当した。作庭技術の高さでも知られ、将軍・大名の茶の湯の師範もつとめた。

□ ㉑出雲大社の巫女といわれる〔36　〕は、勧進のために各地を遍歴し、今日の歌舞伎の基礎をつくった。彼女の〔37　〕は大流行し、やがてこれを模倣した〔38　〕がうまれた。

□ ㉒中世以来の浄瑠璃に琉球から伝来した〔39　〕を伴奏にとり入れて、人形の動作に合わせて演出する劇である〔40　〕が行なわれるようになった。

□ ㉓堺の商人〔41　〕が小歌に独特の節回しをとり入れた〔42　〕は、庶民に人気があった。

□ ㉔南蛮人の風俗を画題とした風俗絵の屏風を〔43　〕と呼ぶ。これには狩野派の画家が多く参加している。

□ ㉕1590年、宣教師〔44　〕が活字印刷術を伝え、〔45　〕と総称される様々な書籍を刊行した。

□ ㉖衣服は〔46　〕が一般に用いられ、上級武家の女性の晴れ着は〔46　〕のうえに着ている打掛を肩ぬぎして〔47　〕にしたものであった。

2 寛永期の文化

□ ①3代将軍徳川家光を中心とする江戸時代初期の文化は〔48　〕期前後に新しい傾向を示しはじめ、桃山文化の特色を受け継ぎ、元禄文化につながる性格をもつ。

図1

図2

図3

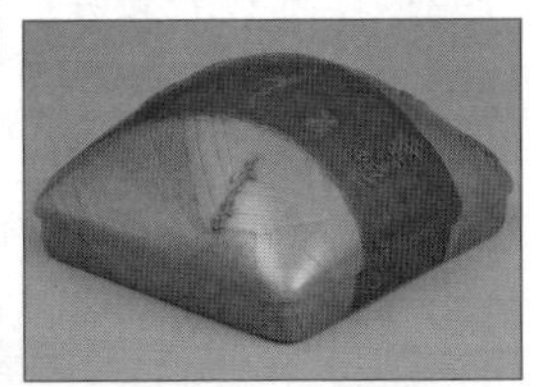

□ ②図1の〔49　〕は霊廟建築・〔50　〕の代表的建築で、華美な装飾が施されている。

□ ③図2の〔51　〕は後陽成天皇の弟〔52　〕の別邸であった。

□ ④黄檗宗寺院としては、長崎居住の中国人の檀那寺とされた崇福寺や、京都宇治に本山として開かれ、中国式伽藍配置で有名な〔53　〕がつくられた。

□ ⑤図3の〔54　〕は〔55　〕が『後撰和歌集』の歌の歌意を意匠した硯箱である。

□ ⑥朝鮮侵略の際、諸大名が連れ帰った朝鮮人陶工が伝えた技術により九州・四国地方の各地で陶磁器生産がはじめられ、やがてお国焼と呼ばれるようになる。島津氏の薩摩焼、毛利氏の〔56　〕、松浦氏の平戸焼、黒田氏の〔57　〕などが有名である。

□ ⑦肥前国〔58　〕では磁器の生産がはじまり、陶工〔59　〕が、釉薬(ゆうやく)をかけ高温で焼いた磁器に文様を描く上絵付の技法で様々な色彩を施す〔60　〕を完成させた。

Summary 近世の学問・思想

1 儒学の興隆

Point 元禄期の学問の中心は儒学、なかでも主流は朱子学であった。そのほか革新性をもっていたために幕府から警戒されたのが陽明学、直接孔子・孟子の教えに立ち返ろうとするのが古学であった。

1 **朱子学**：江戸幕府の正学、君臣関係の固定・身分秩序の重視・**大義名分論**

京学	**藤原惺窩**──〔**林家**〕**林羅山**(道春、徳川家康に仕える)──鵞峰──鳳岡(信篤、大学頭) 木下順庵 (加賀藩に仕える 木門派) ┬ **新井白石**(6代将軍家宣・7代家継の儒学の師) └ 室鳩巣(8代将軍吉宗の侍講、『六諭衍義大意』)
南学	(南村梅軒)------谷時中┬**野中兼山**(土佐藩家老) └**山崎闇斎**(会津藩の保科正之に仕える、崎門学派、**垂加神道**)

＊寛政の三博士…柴野栗山・尾藤二洲(京学)・岡田寒泉(のち古賀精里、南学)
昌平坂学問所の教官、**寛政異学の禁**で活躍

2 **陽明学・古学**：異学

陽明学	現実社会の矛盾を改めようとする革新的精神、知行合一の立場 **中江藤樹**(近江聖人、『翁問答』、藤樹書院を開く) └── **熊沢蕃山**(岡山藩の池田光政に仕える、『大学或問』で幕政批判→下総古河に幽閉)
古　学	朱子学・陽明学を後世の解釈と批判し、直接原典から孔子・孟子の真意を理解する 聖学：**山鹿素行**(『聖教要録』で朱子学批判、赤穂に配流中に『中朝事実』を著す) 堀川学派：京都の古義堂中心 **伊藤仁斎**──伊藤東涯 古文辞学派：江戸の蘐園塾中心、**経世論**(経世済民の政治・経済論) **荻生徂徠**(8代将軍吉宗の諮問、『政談』＝武士土着論、蘐園塾を開く) └── **太宰春台**(『経済録』＝農本思想・藩営専売論、『経済録拾遺』)

3 **社会批判**

尊王論	竹内式部→1758年**宝暦事件** 山県大弐→1767年**明和事件**	農本主義	**安藤昌益**『自然真営道』
		重商主義	**海保青陵**『稽古談』
後期**水戸学** 【尊王攘夷論】	藤田東湖『弘道館記述義』 会沢安(正志斎)『新論』	蝦夷地開発	**工藤平助**『赤蝦夷風説考』
		海防論	**林子平**『三国通覧図説』『海国兵談』
町人学者	**富永仲基**『出定後語』 **山片蟠桃**(無神論・無鬼論)『夢の代』	海外経略	**本多利明**『西域物語』『経世秘策』
		富国方策	**佐藤信淵**『経済要録』

2 学問の発達

Point 儒学のもつ合理主義的側面の影響で、実証的・科学的学問が発達したことを、具体的な著書や学者・主な業績に注目しながら理解する。

1 合理的思考の発達

分野		
歴史学	『本朝通鑑』〔林羅山・鵞峰父子〕 『大日本史』(水戸藩、徳川光圀の命で編纂開始)	
歴史学	新井白石 正徳の政治 1709～16	『折たく柴の記』…3巻、自伝、1716年起筆、引退まで **『読史余論』**…3巻、史論、公家九変、武家五変 『古史通』…「神とは人也」、『日本書紀』を合理的に解釈 『藩翰譜』…337大名の家史
実学	**和 算**	『塵劫記』〔吉田光由〕…平易な例題→そろばん普及に功績 『発微算法』〔**関孝和**〕…筆算による代数計算確立
実学	**本草学** (博物学)	『大和本草』〔**貝原益軒**〕…1362種の動・鉱・植物を解説 『庶物類纂』〔稲生若水〕…博物学的本草学の大著、弟子が完成
実学	農 学	『農業全書』〔**宮崎安貞**〕…日本で最初の体系的農書 『農具便利論』『広益国産考』〔大蔵永常〕…江戸時代後期の代表的農書
実学	天文学	**貞享暦**〔**渋川春海**(碁所の安井算哲→天文方)〕…宣明暦の誤差を修正
実学	海外情報	『西洋紀聞』『采覧異言』〔新井白石〕…シドッチの尋問 『華夷通商考』〔西川如見〕

2 国学と洋学(蘭学)

国学	元禄時代にはじまる古典研究 戸田茂睡：歌学の革新、制の詞排斥 **契沖**：『万葉代匠記』(徳川光圀の依頼)、古典古歌の注釈を研究 **北村季吟**：『源氏物語湖月抄』、幕府の歌学方、国学発達の先駆け
国学	国学の発達…古典(国文)・古代(国史)研究から古代精神の探究 〔享保期〕**荷田春満**：『創学校啓』 〔宝暦期〕**賀茂真淵**：『万葉考』、古道説 〔天明～寛政期〕**本居宣長**：『古事記伝』『直毘霊』『玉勝間』、古道説の確立 〔化政期〕**塙保己一**：『群書類従』、和学講談所を設ける 〔天保期〕**平田篤胤**：**復古神道**、尊王攘夷論に影響
洋学 **(蘭学)**	1811年 **蛮書和解御用**(洋書の翻訳) 大槻玄沢：『蘭学階梯』、芝蘭堂を開く **稲村三伯**：**『ハルマ和解』** 宇田川玄随(医学)：『西説内科撰要』 志筑忠雄(物理学)：『暦象新書』 宇田川榕庵(化学)：『舎密開宗』 高橋至時：**天文方**、寛政暦、**伊能忠敬**が学ぶ 高橋景保：シーボルト事件で弾圧 **高野長英**・**渡辺崋山**：蛮社の獄で弾圧

『解体新書』 杉田玄白・前野良沢ら

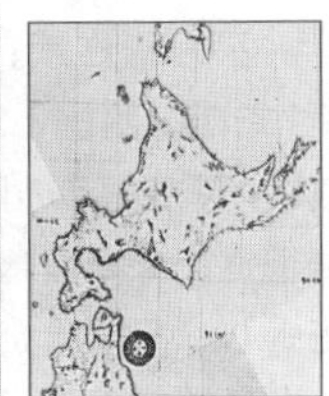

「大日本沿海輿地全図」 伊能忠敬の測量

Speed Check! 近世の学問・思想

❶ 儒学の興隆

□ ①元禄時代の学問の主流は儒学であるが、その中でも主流をなしたのは〔[1]　〕である。京都相国寺の僧であった〔[2]　〕は、還俗してこの学問の啓蒙につとめ、〔[3]　〕の祖とされる。

□ ②林家の祖である林羅山の孫〔[4]　〕は、1690年の湯島聖堂大成殿完成の時、5代将軍徳川綱吉によって〔[5]　〕に任じられた。

□ ③京学のうち木門派の祖とされる〔[6]　〕は、加賀藩の前田家に用いられ、のちに徳川綱吉の侍講となった。彼の門下には、6・7代将軍の儒学の師であった〔[7]　〕や8代将軍の侍講となった〔[8]　〕らがいる。

□ ④南村梅軒がおこしたとされる〔[9]　〕の系統からは、垂加神道を提唱した〔[10]　〕が出て、崎門学派を形成し、尊王運動に影響を与えた。

□ ⑤寛政異学の禁では、朱子学を〔[11]　〕とし、それ以外の〔[12]　〕や古学などは異学とされ、講義や研究を禁じられた。こののち、昌平坂学問所の教官に採用された〔[13]　〕・尾藤二洲・岡田寒泉を〔[14]　〕と呼ぶ。

□ ⑥〔[15]　〕は明の王陽明が提唱した陽明学をとり入れ、彼の弟子〔[16]　〕は岡山藩主の〔[17]　〕に仕えたが、『〔[18]　〕』で幕政を批判したため、下総古河に幽閉された。

□ ⑦古学では、『〔[19]　〕』で朱子学を批判したため、幕府によって赤穂に配流された山鹿素行が先駆けをなし、京都の〔[20]　〕・〔[21]　〕父子や、柳沢吉保や8代将軍徳川吉宗に仕えた〔[22]　〕が活躍した。

□ ⑧享保の改革で政治顧問の役割を果たした〔[23]　〕学派の荻生徂徠は、武士の土着を説き〔[24]　〕の先駆けとなり、その弟子〔[25]　〕は徂徠の説を発展させ、武士も商業を行なうことや専売制度を主張した。

□ ⑨18世紀中頃、神道家の竹内式部が京都で公家たちに〔[26]　〕を説いて追放刑となる〔[27]　〕や、〔[28]　〕が江戸で尊王兵学を説いて処罰される明和事件がおきた。

□ ⑩藤田幽谷(ゆうこく)の子〔[29]　〕と〔[30]　〕らは、〔[31]　〕の立場から尊王攘夷論を唱え、国学の平田派とともに幕末の政局に影響を与えた。

□ ⑪18世紀半ばになると身分社会を根本から改めようとする思想があらわれ、安藤昌益は『〔[32]　〕』を著して社会の仕組みや身分制度を批判した。

□ ⑫〔[33]　〕は『稽古談』で武士が商業を軽視することの非を説いた。また、〔[34]　〕は『経世秘策』で西洋諸国との交易や蝦夷地開発による富国策を説き、佐藤信淵も諸国を遊歴し『〔[35]　〕』で産業の国営化と貿易による重商主義を唱えた。

□ ⑬懐徳堂出身の富永仲基は『〔[36]　〕』を著して、仏教の経典は釈迦が説いたものではないと主張し、無鬼論を唱えた山片蟠桃は『〔[37]　〕』を著した。

□ ⑭仙台藩医の工藤平助は蝦夷地開発と対露貿易を論じた『〔[38]　〕』を田沼意次に献上し、林子平は『三国通覧図説』や『〔[39]　〕』で海防論を展開した。

❷ 学問の発達

□ ①幕命を受けた林羅山とその子〔[40]　〕は、宋の司馬光『資治通鑑(しじつがん)』にならった『〔[41]　〕』を編纂した。水戸藩では〔42 〕が藩の総力をあげて、『大日本史』の編纂を開始した。この書の編纂にあたっては、〔43 〕論にもとづく叙述がなされた。

☐ ②新井白石は自伝『〔44 〕』で正徳の政治について語り、『〔45 〕』では大名の事績の集録を行なった。

☐ ③和算では、吉田光由の『〔46 〕』によってそろばんが普及し、関孝和の『〔47 〕』によって筆算による代数計算が確立した。

☐ ④福岡藩の貝原益軒や加賀藩主前田綱紀の保護を受けた稲生若水によって、〔48 〕が進歩した。

☐ ⑤初め安井算哲として幕府碁所で活動していた渋川春海は天文学に転じ、平安期の宣明暦の誤りを、元の授時暦(じゅじれき)を参考に天体観測を行なって修正して〔49 〕をつくり、天文方に任じられた。

☐ ⑥新井白石は、1708年に屋久島に潜入したイタリア人のイエズス会宣教師〔50 〕の尋問で得た知識をもとに、地理・風俗書である『西洋紀聞』と『采覧異言』をまとめた。

☐ ⑦長崎出身の〔51 〕は長崎で見聞した朝鮮・中国・インド・南洋などの事情を『華夷通商考』でまとめ、徳川吉宗に招かれて江戸に下った。

☐ ⑧国学者の荷田春満は、享保期に江戸に出て徳川吉宗に国学の学校建設を建言して、『〔52 〕』を提出した。

☐ ⑨国学者の賀茂真淵は、田安宗武(たやすむねたけ)に仕えて宝暦期に活躍し、『万葉集』や『古事記』の研究から〔53 〕を唱えた。これは、天明期から寛政期にかけて活躍した本居宣長によって確立された。

☐ ⑩前野良沢・杉田玄白はオランダ語の人体解剖書『〔54 〕』を翻訳して、『解体新書』を刊行した。

☐ ⑪志筑忠雄がニュートンの弟子のジョン＝ケイルの著書の蘭訳からさらに日本語に訳した『〔55 〕』は、日本に地動説を紹介した書物である。

☐ ⑫蘭学入門書『蘭学階梯』や江戸に蘭学塾芝蘭堂を開いたことで知られる〔56 〕は、新元会(オランダ正月)を開催した。

☐ ⑬幕府の天文方であった高橋至時は、間重富(はざましげとみ)とともに新しい天文学の知識をつかって〔57 〕をつくった。

☐ ⑭シーボルト事件で投獄された〔58 〕は、伊能忠敬の実測による「大日本沿海輿地全図」の作成にも協力しており、銅版の「新訂万国全図」を製作した。

☐ ⑮〔59 〕は、『蘭仏辞書』を翻訳して最初の蘭日辞書である『〔60 〕』を刊行した。

Summary 元禄文化

① 文学・生活・宗教

Point **幕藩体制をつくり上げようとする武士の精神と現実肯定の町人の精神とが基調をなした。上方の町人文芸が発達し、人間性を追究した。**

1 浮世草子：浮き世＝享楽的現世を表す小説

[室町時代]御伽草子→[江戸時代初期]仮名草子→[元禄期]**浮世草子**

井原西鶴…談林派の俳諧から浮世草子の世界へ		
好色物(男女の生活描写)	**町人物**(町人の現実相)	**武家物**(武士生活)
『好色一代男』『好色五人女』 『好色一代女』	『日本永代蔵』 『世間胸算用』	『武家義理物語』 『武道伝来記』

2 俳諧

貞門派(松永貞徳)→談林俳諧(奇抜な趣向、自由な用語、西山宗因)
→**蕉風(正風)俳諧**

松尾芭蕉…幽玄閑寂(さび・しおり・かるみ)、発句を文学作品に
　紀行文『奥の細道』『笈の小文』
　句集『猿蓑』

3 人形浄瑠璃：元禄時代までは歌舞伎を圧倒、大坂中心

脚本	**近松門左衛門** 　**世話物**：『曽根崎心中』『冥途の飛脚』 　　　　『心中天網島』 　**時代物**：『国性(姓)爺合戦』
語り	**竹本義太夫**(大坂の竹本座) 　→**義太夫節**(独立した音曲)を 　　浄瑠璃太夫が語る
人形遣い	辰松八郎兵衛(のち江戸の辰松座)
伴奏具	三味線が発達

人形浄瑠璃の楽屋(『人倫訓蒙図彙』)

4 歌舞伎(常設の**芝居小屋**)

女歌舞伎→若衆歌舞伎→野郎歌舞伎
（1629禁止）（1652禁止）

元禄歌舞伎…女形の発達、劇場芸術
　荒事　**初代市川団十郎**(江戸)
　和事　**坂田藤十郎**｝(上方)
　女形　芳沢あやめ｝

5 生活

着物	元禄小袖(振袖)の流行
建物	2階建て、瓦屋根、土蔵造

6 宗教：黄檗宗(禅宗の一派)

明僧	隠元隆琦(17世紀半ば)
本山	京都宇治の万福寺

② 元禄美術

Point 元禄文化の絵画・工芸は、前代の華麗さを受け継ぎ、上方の豪商・都市や農村の有力者によって洗練されたことに注意する。

1 絵画

障壁画

土佐(とさ)派…**土佐光起(みつおき)**(朝廷絵師)

住吉(すみよし)派…**住吉如慶(じょけい)**(住吉派の祖)、**具慶(ぐけい)**(『洛中洛外図巻』、幕府の御用絵師)

琳派(りんぱ)…**尾形光琳(おがたこうりん)**(装飾画、京都)

『燕子花図屏風』(尾形光琳)

『紅白梅図屏風』(尾形光琳)

浮世絵

菱川師宣(ひしかわもろのぶ)…**浮世絵**の版画を創始→安価で入手しやすい絵画の誕生

画題＝美人・役者・相撲、『見返り美人図』(肉筆美人画の傑作)

2 工芸

蒔絵

尾形光琳『**八橋蒔絵螺鈿硯箱(やつはしまきえらでんすずりばこ)**』

染物

友禅染の振袖

宮崎友禅

…**友禅染**を創始

→京友禅

→鹿子絞(かのこしぼり)(京鹿子)

彫刻

円空の仏像

円空

鉈(なた)彫りの仏像

両面宿儺(すくな)像

護法神像

陶磁器

野々村仁清(ののむらにんせい)：**京焼(きょうやき)**の祖

上絵付法をもとに**色絵(いろえ)**を完成

『色絵藤花文茶壺』(野々村仁清)

尾形乾山(けんざん)(尾形光琳の弟)

装飾的で高雅な陶器、楽焼(らくやき)と本焼

鳴滝泉谷→洛中二条通→江戸

晩年は江戸下谷入谷村に窯

3 庭園

廻遊式庭園	**後楽園**…小石川・水戸藩邸　**六義園(りくぎえん)**…駒込・柳沢吉保の下屋敷

Speed Check! 元禄文化

❶ 文学・生活・宗教

☐ ①17世紀中期から18世紀初期にかけての文化は〔1　〕と呼ばれ、幕藩体制をつくり上げようとする武士の精神と現実肯定の町人の精神とが基調をなした。武士の社会では儒学が尊重されたことから実証主義が、町人の社会では人間中心の現実主義がおこった。

☐ ②この時期の和歌以外の文学は、人間性を追究する上方の〔2　〕が中心で、享楽的な現世を「〔3　〕」とみて、現実そのものを描こうとした。

☐ ③室町時代に流行した『物くさ太郎』『一寸法師』『浦島太郎』などの〔4　〕や、江戸時代初期の教訓・通俗的作品で知られる〔5　〕に次いで、元禄時代になると、現実の世相や風俗を背景に人々の姿をありのままに描く小説が出現し、〔6　〕と呼ばれる。

☐ ④談林派の俳諧から小説の世界へ入ったのが、〔7　〕である。彼の代表作には好色物の『好色一代男』、町人物の『日本永代蔵』や『〔8　〕』、武家物の『武家義理物語』『武道伝来記』などがある。初めは楽天的作品が多かったが、やがて諦念の境地を切り開いた。

☐ ⑤松永貞徳の貞門派の形式性をのりこえた〔9　〕の談林派は、奇抜な趣向や自由な用語で急速に人気を博した。

☐ ⑥松尾芭蕉の〔10　〕は、さび・しおり・かるみなどの幽玄閑寂を特徴とし、自然と人間を鋭くみつめて俳文『〔11　〕』や『笈の小文』『野ざらし紀行』などを著した。

☐ ⑦人形浄瑠璃では、操り人形と伴奏に〔12　〕を用いた語りが入るが、この語りを独立した音曲にしたのが〔13　〕であり、竹本義太夫が創始した。しかし、明和期頃から衰微し、近松半二の死後は歌舞伎にとってかわられた。

☐ ⑧元禄期頃までは、人形浄瑠璃は歌舞伎を圧倒する人気があり、大坂を中心に流行した。人気脚本家である近松門左衛門には、時代物の『〔14　〕』や、世話物の『〔15　〕』『心中天網島』『冥途の飛脚』などの代表作がある。

☐ ⑨出雲お国の阿国歌舞伎は女歌舞伎へと発展した。その後、幕府の取締りのために若衆歌舞伎となり、さらに〔16　〕となったが人気はおとろえず、常設の〔17　〕をもつ劇場芸術である元禄歌舞伎へと洗練されていった。

☐ ⑩歌舞伎では女性の出演が禁止されると〔18　〕の芸が発達し、上方の芳沢あやめが人気を博し、恋愛を主とする世話物狂言では和事の〔19　〕が同じ上方で活躍した。

☐ ⑪江戸では初代の〔20　〕が、わずか14歳で勇猛な立廻り中心の〔21　〕を創始し、代表的名優となった。２代目以降も引き継がれ、お家芸となった。また、７代目の時にこの家の当り芸を集めた歌舞伎十八番が制定された。

☐ ⑫元禄期頃の町方(まちかた)女性の間では、丈の長さ２尺(60cm)くらいの袖の着物が流行し、それを〔22　〕とも呼ぶ。

☐ ⑬都市には〔23　〕階建ての建物があらわれ、屋根には瓦をふき、火災や盗難に備えて〔24　〕もつくられるようになった。

☐ ⑭仏教界は幕府が本末制度や諸宗寺院法度などで統制を加えたため沈滞したが、17世紀中頃、明僧〔25　〕によって禅宗の一派である〔26　〕がもたらされた。

❷ 元禄美術

□ ①元禄期の絵画･工芸は、桃山文化や近世初期の文化の華麗さを受け継いでいる。これは、〔27　〕の豪商や都市の有力者が文化の担い手となったからである。彼らは絵画・工芸などを一層洗練されたものとした。

□ ②大和絵の一派である〔28　〕から出て、朝廷絵師(絵所預(えどころあずかり))となった〔29　〕は漢画の技法をとり入れた。子の光成との合作『秋郊鳴鶉図』が有名であり、晩年『本朝画法大伝』という画論書を著した。

□ ③住吉如慶の子〔30　〕は幕府の〔31　〕となり、以後、代々その職を継いだため、江戸の大和絵は彼らによって広められた。代表作に『〔32　〕』や『元三大師縁起』がある。

□ ④本阿弥光悦や俵屋宗達の風を学んで、元禄趣味に合った華麗な装飾画を得意とした〔33　〕は、代表作に紅白梅と水流を描いた『紅白梅図屏風』、三河八橋のかきつばたを律動的に描いた『〔34　〕』がある。

□ ⑤浮世絵版画の創始者として知られる安房出身の〔35　〕の登場によって、安価で入手しやすい絵画が出現したが、まだ多色刷版画ではなかった。彼の代表作図１は、肉筆美人画の『〔36　〕』である。

図1

□ ⑥尾形光琳が京蒔絵を発展させた代表作として知られる『〔37　〕』は、『伊勢物語』の三河八橋のかきつばたが題材となっている。

□ ⑦糊付染の技法を改良して、友禅染を創始したのは〔38　〕とされる。華やかな模様を染め出して、大流行させた。

□ ⑧美濃出身で東日本を遍歴し、各地に〔39　〕彫の仏像を残したのは〔40　〕である。代表作に、両面宿儺像や〔41　〕などがある。

□ ⑨京都でつくられた楽焼以外の陶磁器の総称が〔42　〕であり、酒井田柿右衛門らの影響で〔43　〕が行なわれるようになり、〔44　〕によって完成された。代表作に巧みな構図で藤の花が鮮やかに描かれている『〔45　〕』がある。

□ ⑩尾形光琳の実弟〔46　〕は色絵陶器の感化を受け、装飾的陶器を残した。晩年は江戸に下り、輪王寺宮公寛入道親王の知遇を得て寛永寺領の下谷入谷村で窯を開いた。

□ ⑪大名屋敷には将軍の御成(おなり)に備えて廻遊式庭園が設けられた。江戸小石川の水戸藩邸につくられた〔47　〕や、柳沢吉保の下屋敷であった駒込の〔48　〕などが現存している。

Summary 宝暦・天明期の文化／化政文化

1 宝暦・天明期の文化

Point 商品経済の発展で、富裕化した町人や百姓が文化を担った。出版物や貸本屋の普及で庶民の文学が発達した。絵画では錦絵が完成し浮世絵が隆盛となり、文人画や西洋画も描かれた。分野・作家・作品のセットで整理する。

1 文学：身近な政治・社会のできごとが題材　※の人物は寛政の改革で処罰

小説	草双紙	挿絵重視の通俗読み物 表紙の色から赤本・青本・黒本	韻文	俳諧	絵画的な描写 **与謝蕪村**『蕪村七部集』
	洒落本	江戸の遊里を描く ※**山東京伝**『仕懸文庫』		**川柳**	世相や風俗の風刺、皮肉 **柄井川柳**『誹風柳多留』
	黄表紙	風刺・滑稽の絵入り小説 ※**恋川春町**『金々先生栄花夢』		**狂歌**	政治や世相を風刺、皮肉 古歌・名歌のパロディも 大田南畝（蜀山人）…御家人 石川雅望（宿屋飯盛）…国学者
	読　本	文章主体 **上田秋成**『雨月物語』			
出　版		※**蔦屋重三郎**…耕書堂を経営、洒落本・黄表紙などを出版			

2 芸能

浄瑠璃	享保期	**竹田出雲**（２世）『菅原伝授手習鑑』…1746年初演、菅原道真左遷が題材 『仮名手本忠臣蔵』…1748年初演、赤穂浪士が題材
	天明期	近松半二『本朝廿四孝』 →のち唄浄瑠璃へ（座敷浄瑠璃、一中節・常磐津節・清元節など）
歌舞伎	寛政期	江戸三座の繁栄…中村座（はじめ猿若座）・市村座・森田座（守田座）

3 絵画

浮世絵	絵本・挿絵から１枚刷り版画へ（背景に製作技術や出版業の発達） **鈴木春信**…**錦絵**（多色刷浮世絵版画）の創始 **喜多川歌麿**…大首絵（美人画） **東洲斎写楽**…大首絵（役者絵・相撲絵）
写生画	円山派…伝統的な絵画に遠近法などを加味 立体的な作風 **円山応挙**『雪松図屛風』
文人画	文人・学者（専門の画家ではない）が描く、明・清の南画の影響 **池大雅**・与謝蕪村『十便十宜図』
西洋画	長崎を経て油絵の具や技法の導入（背景に蘭学の発展） **司馬江漢**…江戸で**銅版画**を創始、『不忍池図』 **亜欧堂田善**…陸奥須賀川出身、『浅間山図屛風』 小田野直武…秋田蘭画を創始

初代尾上松助の松下造酒之進（東洲斎写楽）

2 化政文化

Point 11代将軍徳川家斉の治世下、江戸の町人を中心に形成されたこの時期の文化は、都市生活の成熟、身分をこえた交流、情報の伝播を背景に、多種多様に展開した。分野・作家・作品のセットで整理し、庶民生活についてもまとめておく。

1 文学　※の人物は天保の改革で処罰

分野	種類	内容
小説	**滑稽本**	庶民生活を描く、会話と挿絵中心 **十返舎一九**『東海道中膝栗毛』 **式亭三馬**『浮世風呂』『浮世床』
小説	**人情本**	町人たちの恋愛を描く ※**為永春水**『春色梅児誉美』
小説	**合　巻**	黄表紙を数冊綴じ合わせる ※**柳亭種彦**『偐紫田舎源氏』
小説	読　本	文章主体、歴史・伝説が主な題材 **曲亭馬琴**『南総里見八犬伝』(勧善懲悪・因果応報を盛り込む)
韻文	俳諧	**小林一茶**『おらが春』(村の民衆生活を描く)
韻文	和歌	香川景樹…桂園派、古今調、平明な歌風 良寛…禅僧、日常生活が題材
その他	民俗	鈴木牧之…越後の人、山東京伝・曲亭馬琴らと交流 『北越雪譜』(雪国の文化)
その他	紀行	菅江真澄…東北各地を旅行 『菅江真澄遊覧記』

2 絵画

浮世絵	錦絵の風景画が流行(背景に交通の発達、民衆の旅の一般化による名所の出現) →幕末(開国後)に海外に紹介されて、ヨーロッパの印象派画家に影響 **葛飾北斎**…風景画『富嶽三十六景』 **歌川広重**…風景画『東海道五十三次』 歌川国芳…政治・世相を風刺、『朝比奈小人嶋遊』
写生画	**呉春**(松村月溪)…四条派(円山派から独立、温雅な作風、上方豪商が愛好) 『柳鷺群禽図屏風』
文人画	田能村竹田…豊後出身 谷文晁…江戸出身 渡辺崋山…谷文晁の門人、『鷹見泉石像』

3 民衆文化

芸能	歌舞伎　**芝居小屋**の常設化(三都など各地の都市)、歌舞伎の地方興行 狂言作者　[化政期]**鶴屋南北**『東海道四谷怪談』…生世話物 [幕末期]河竹黙阿弥『三人吉三廓初買』…白浪物 **村芝居**(地芝居)…歌舞伎をまねて上演、村の若者ら中心 見世物・曲芸・講談・落語など…小屋(盛場)、**寄席**(町人地)
寺社	修繕費・経営費調達 **富突**(富くじ)…江戸の三富(谷中天王寺・目黒不動・湯島天神) **縁日**、**勧進相撲**、**開帳**(信濃善光寺の出開帳) **寺社参詣**…伊勢神宮・信濃善光寺・讃岐金毘羅宮 **巡礼**…四国八十八カ所・西国三十三カ所
行事	年中行事…五節句・彼岸会・盂蘭盆会 講…日待・月待・**庚申講**(庚申塔の建立)

Speed Check! 宝暦・天明期の文化／化政文化

❶ 宝暦・天明期の文化

☐ ①18世紀後半には庶民向けの読み物が多く出版されるようになり、これらを一定期間有料で貸し出す〔1　〕が各地で営業するようになった。

☐ ②挿絵入りの通俗的な読み物は〔2　〕、あるいは絵草子と呼ばれ、内容によって表紙の色が異なることから赤本・青本・黒本などに分けられていた。

☐ ③江戸の遊里を描く〔3　〕では、写実的な描写を得意とする〔4　〕が『仕懸文庫』などで人気を博したが、出版元で耕書堂をいとなむ〔5　〕とともに〔6　〕で処罰された。

☐ ④風刺のきいた絵入り小説である〔7　〕は田沼時代に流行したが、代表的作家の〔8　〕は『金々先生栄花夢』が問題視され、〔9　〕で処罰された。

☐ ⑤文を主とする読本もあらわれ、大坂の国学者である〔10　〕は『雨月物語』を著した。

☐ ⑥俳諧では〔11　〕が絵画的な描写をとり入れた画俳一致の句を詠み、その作品は弟子たちによって『蕪村七部集』などにまとめられた。

☐ ⑦俳句と同じ形式で世相や風俗を風刺した〔12　〕は、〔13　〕が文芸として定着させ、広く作品を募って『〔14　〕』を編集した。

☐ ⑧和歌に滑稽さをとり入れて政治や世相を皮肉る〔15　〕は、幕府御家人である〔16　〕や国学者石川雅望(宿屋飯盛)らが活躍した。

☐ ⑨大坂の竹本座の座元〔17　〕は、赤穂浪士の仇討ちを題材とする『仮名手本忠臣蔵』や菅原道真の左遷を題材とする『菅原伝授手習鑑』などの浄瑠璃脚本を著した。

☐ ⑩近松門左衛門の養子で、竹田出雲(2世)の門下でもある〔18　〕は、衰退した竹本座を再興した。上杉謙信・武田信玄の争いにまつわる恋物語『本朝廿四孝』の脚本は、彼を中心とする合作である。

☐ ⑪歌舞伎に圧倒されていった浄瑠璃は、しだいに人形操りから離れ、座敷でうたわれる一中節・常磐津節・清元節など〔19　〕(座敷浄瑠璃)へと移っていった。

☐ ⑫18世紀後半から江戸を中心として発展した歌舞伎は、〔20　〕と呼ばれた中村座・市村座・森田座が寛政期に栄えた。

☐ ⑬菱川師宣が創始した〔21　〕は、18世紀半ばにあらわれた鈴木春信が1枚刷りの多色刷版画である〔22　〕の手法を完成し、庶民の間で人気が高まった。

☐ ⑭寛政期には画面いっぱいに半身像を描く大首絵の手法があらわれ、〔23　〕が『当時全盛美女揃』などの美人画を、〔24　〕が三代目大谷鬼次(おおたにおにじ)の『奴江戸兵衛』などの役者絵や相撲絵を描いた。

☐ ⑮『雪松図屛風』『保津川図屛風』などを描いた〔25　〕は、遠近法をとり入れた立体感のある写生画の様式を完成し、円山派と呼ばれる一派を創始した。

☐ ⑯明・清の南画の影響を受けた〔26　〕は18世紀後半にさかんになった。この画風を大成したのは、『十便十宜図』の作者である〔27　〕と与謝蕪村である。

☐ ⑰途絶えていた西洋画は、油絵の具や絵画技法が長崎から伝えられ、18世紀末には平賀源内に学んだ〔28　〕が銅版画をはじめて『不忍池図』などを制作し、のちには『浅間山図屛風』を描いた〔29　〕も活躍した。

❷ 化政文化

□ ①将軍[30]の治世に、江戸・大坂・京都の三都の繁栄を背景として、文化・文政期を中心に最盛期となった町人文化が化政文化である。

□ ②寛政の改革の出版統制以降、滑稽な会話中心の小説である[31]が洒落本から分かれて流行した。[32]の『東海道中膝栗毛』や[33]の『浮世風呂』が代表的である。

□ ③文政期以降、洒落本が長編化し、町人の恋愛を描く[34]があらわれた。式亭三馬の門下だった[35]は『春色梅児誉美』を著したが、[36]で処罰された。

□ ④黄表紙を数冊綴じ合わせた[37]は、天保期に全盛となった。江戸の旗本[38]は『源氏物語』のパロディである『[39]』を著したが、天保の改革で処罰された。

□ ⑤読本は歴史・伝説を題材とする小説として発展し、江戸の[40]が勧善懲悪・因果応報を盛り込んだ『[41]』を著して人気を博した。

□ ⑥俳諧は民間に広まり、信濃の[42]は民衆生活を詠んだ人間味豊かな句を『おらが春』などに残した。

□ ⑦和歌では、[43]らの桂園派が平明な歌風をはじめ、歌壇に大きな影響を与えた。越後の禅僧[44]は、暮らしの中に題材を求め、童心あふれる歌を詠んだ。

□ ⑧越後の縮商人の鈴木牧之は、山東京伝や曲亭馬琴ら江戸の文化人と交流し、雪国の自然や生活を紹介する『[45]』を著した。

□ ⑨民衆の旅が一般化し各地に名所がうまれると、錦絵の風景画が流行した。[46]は『富嶽三十六景』を大胆な構図で描き、[47]は『東海道五十三次』などで自然や人物を叙情的に描いた。

□ ⑩『朝比奈小人嶋遊』など世相や政治を風刺する錦絵を描いた[48]は、天保の改革のころから幕末にかけて活躍した。

□ ⑪写生画の円山派から分かれた四条派は[49]が創始し、温雅な作風の風景画は上方の豪商らに好まれた。

□ ⑫化政期の文人画は、『鷹見泉石像』を描いた[50]やその師の谷文晁が江戸で、田能村竹田が豊後で活躍した。

□ ⑬都市では常設の[51]がにぎわい、歌舞伎では[52]による生世話物の『東海道四谷怪談』や、幕末の[53]による白浪物の『三人吉三廓初買』が人気を得た。

□ ⑭町人地では、[54]が開かれ落語や講談が演じられた。村々で、若者らが歌舞伎をまねた[55]を上演した。

□ ⑮寺社では、秘仏を公開する[56]や縁日、富突などに人々が集まり、伊勢神宮などへの寺社参詣や聖地・霊場をめぐる[57]もさかんに行なわれた。

□ ⑯精進潔斎して神仏を祀り、寝ずに日の出を待つ[58]や月の出を拝む月待、招福除災を願い庚申の日に集会して夜を明かす[59]などの集まりもさかんであった。

Summary 文明開化と明治の文化 I

1 文明開化期の文化

Point 啓蒙思想の急速な広まりが社会に大きな影響を与えたことに着目し、思想の分類と思想家・著書をセットにして理解する。明治政府の宗教政策は、神道国教化の推進と挫折の過程を軸に、仏教やキリスト教とも関連付けて理解する。

1 啓蒙思想：啓蒙書の刊行が封建道徳から自由主義・個人主義への転換を促す

西洋の近代思想	英米流 自由主義思想 功利主義思想	**福沢諭吉**(ふくざわゆきち)『学問のすゝめ』『文明論之概略』『西洋事情』 **中村正直**(なかむらまさなお)『西国立志編』(スマイルズ『自助論』翻訳) 『自由之理』(ミル『自由論』翻訳)
	フランス流 **天賦人権**(てんぷじんけん)**の思想**	**中江兆民**(なかえちょうみん)『民約訳解』(ルソー『社会契約論』部分漢訳)
	ドイツ流 国権論	ダーウィンの進化論もとり入れる(社会進化論) 加藤弘之(ひろゆき)『人権新説』(天賦人権論から転向)
団体	**明六社**(1873＝明治6年)…**森有礼**(もりありのり)(のち初代文部大臣)が提唱、演説会を開催 福沢諭吉・中村正直・西周・加藤弘之・西村茂樹ら、『明六雑誌』(1874～75)	
出版	活版印刷…**本木昌造**(もときしょうぞう)が鉛製活字の量産に成功(1869) 日刊新聞…『**横浜毎日新聞**』(初の日刊新聞、1870)、『東京日日新聞』	

2 宗教

神　道	祭政一致の方針…国学者や神道家を登用 **神仏分離令**(1868)…神仏習合の禁止→**廃仏毀釈**(はいぶつきしゃく)の運動 **大教宣布の詔**(たいきょうせんぷ)(1870)…神道による国民教化→挫折	官庁	神祇官(1868) 神祇省(1871) 教部省(1872)
キリスト教	浦上教徒弾圧事件→キリスト教禁止の高札(五榜(ごぼう)の掲示)撤廃(1873)		
仏　教	島地黙雷(しまじもくらい)による浄土真宗教団の近代化		

3 教育

義務教育	1871	**文部省**設置…全国の教育制度を統轄
	1872	**学制**…フランス式の学区制を採用、功利主義の影響
	1879	**教育令**…アメリカ式の自由教育
	1880	改正教育令…政府による統制強化、修身を重視
高等教育	官学	**東京大学**(1877)…幕府の諸学校(開成所・医学所など)を継承、洋学中心
	私学	福沢諭吉…**慶応義塾**(東京)　新島襄(にいじまじょう)…**同志社英学校**(京都、キリスト教系) 大隈重信(おおくましげのぶ)…**東京専門学校**(のち、早稲田大学)

4 生活の近代化

風俗	**洋服**の着用(官吏・巡査→民間へ)、**ざんぎり頭**、洋食(牛鍋の流行)
都市	銀座煉瓦街(煉瓦造の西洋風建築、ガス灯、鉄道馬車、人力車)…錦絵で紹介
制度	改暦…太陰太陽暦から**太陽暦**へ(1873) 祝祭日…紀元節(2月11日)・天長節(11月3日)・新嘗祭(11月23日)など宮中祭祀中心の設定

2 明治の文化

Point **国粋主義の台頭や国家主義的風潮など、思想界の動向がポイント。学問の発達は分野別に整理して把握し、外国人教師の果たした役割にも注目する。**

1 ナショナリズム：明治中期(1880～90年代)、国権論の伸長

平民的欧化主義 (平民主義)	**徳富蘇峰**…**民友社**設立、新聞『国民新聞』、雑誌**『国民之友』** 政府の欧化主義政策を批判(貴族的欧化主義) →日清戦争を機に国権主義に転換(対外膨張の肯定)	
近代的民族主義	国粋主義 (国粋保存主義)	**三宅雪嶺**・志賀重昂・杉浦重剛ら **政教社**設立、雑誌**『日本人』**
	国民主義	**陸羯南**…日本新聞社設立、新聞**『日本』** 条約改正交渉を批判(大隈重信外相の密約を暴露)
	日本主義	**高山樗牛**・井上哲次郎ら、雑誌**『太陽』**

2 宗教

神　道	**教派神道**の公認…天理教・金光教・黒住教など13派
仏　教	**島地黙雷**らによる近代化　井上円了が西洋哲学の研究法を導入
キリスト教	大日本帝国憲法発布…信教の自由の保障(1889)　**廃娼運動**

3 教育

1886	**学校令**(文部大臣：森有礼)…小学校令から帝国大学令まで一連の勅令 政府の統制強化(国家主義的方針)、複線型学校制度、義務教育年限４年
1890	**教育勅語**(「教育に関する勅語」)…基本理念に忠君愛国を盛り込む →**内村鑑三不敬事件**(1891)
1903	検定教科書制度から**国定教科書**制度へ
1907	義務教育年限６年(就学率97％へ)

4 学問の発達

外国人教師(**お雇い外国人**)

文　芸	フェノロサ	米 日本美術の評価	動物学	モース	米 大森貝塚発掘
教　育	クラーク	米 札幌農学校	地　学	ミルン ナウマン	米 日本地震学会設立 独 フォッサ＝マグナ
文　学	ハーン	英 小泉八雲、日本文化の研究・紹介	農　学	ケプロン	米 開拓使でアメリカ式農業を指導
医　学	ベルツ	独 内科・産科			
工　学	ダイアー	米 土木、機械工学	法　学	ボアソナード	仏 諸法典の整備

日本人研究者の活躍

哲　学	西周	西洋哲学の紹介	医　学	北里柴三郎 志賀潔	ペスト菌の発見 赤痢菌の発見
法　学	梅謙次郎 穂積八束	フランス系法学 ドイツ系法学	薬　学	高峰譲吉 鈴木梅太郎 秦佐八郎	タカジアスターゼ創製 オリザニン発見 サルバルサン創製
史　学	田口卯吉 久米邦武	『日本開化小史』 「神道は祭天の古俗」			
地　学	大森房吉 木村栄	地震計の発明 緯度変化のZ項発見	物理学	長岡半太郎 田中館愛橘	原子構造の研究 地磁気の測定

Speed Check! 文明開化と明治の文化Ⅰ

❶ 文明開化期の文化

☐ ①明治政府は西洋文明の摂取による近代化の推進をはかり、明治初期の国民生活には〔1　〕と呼ばれる新しい風潮が生じ、大都市を中心に広まった。

☐ ②イギリスやアメリカから自由主義・個人主義が新思想として受け入れられた。スマイルズの著書を〔2　〕が翻訳した『西国立志編』や、〔3　〕の『学問のすゝめ』は広く読まれて、国民の思想を転換させるうえで大きな影響を与えた。

☐ ③フランスからは社会契約論がもたらされ、土佐出身の〔4　〕がルソーの著書の一部を漢訳した『民約訳解』を刊行した。人はうまれながらにひとしく自然権をもつという、のちに自由民権運動の指導的理論となっていく〔5　〕の思想も広まった。

☐ ④教育は1871年新設の〔6　〕のもとで制度の近代化がはかられ、翌年にはフランスの学区制などを採用した画一的な〔7　〕が公布された。しかし、その内容は現実からかけ離れたもので、1879年の〔8　〕公布によって制度が大幅に改められた。

☐ ⑤政府は高等教育の機関として旧幕府の開成所や医学所など諸学校を統合して〔9　〕を設立し、多くの外国人教師を招いて学術の発展をはかった。また、教員養成のために〔10　〕が設立された。

☐ ⑥独自の教育方針を掲げた私立学校も設立された。〔11　〕の慶応義塾や〔12　〕の同志社は明治初期に設立された代表的な学校である。

☐ ⑦政府は復古神道の影響のもとで1868年に〔13　〕を発し、古代以来の神仏習合を禁じた。その結果、各地で〔14　〕の動きがおこり、寺院が襲撃されるなどした。

☐ ⑧政府は祭政一致の立場を打ち出し、神道を通じた国民教化を進めようとした。1868年には〔15　〕を再興し、70年に〔16　〕を発したが、成果は乏しかった。

☐ ⑨政府はキリスト教を旧幕府と同様に禁止していたが、〔17　〕で欧米から抗議を受けたことを契機として、1873年に禁教の高札を撤廃した。

☐ ⑩新聞・雑誌は、〔18　〕が鉛製活字の量産に成功したことなどから普及した。1870年には『〔19　〕』が最初の日刊新聞として創刊された。

☐ ⑪森有礼の提唱で福沢諭吉らが参加して1873年に結成された〔20　〕は封建思想の排除と近代思想の普及につとめ、翌年から『〔21　〕』の刊行を開始した。

☐ ⑫1872年12月に太陰太陽暦から〔22　〕へ改暦が行なわれた。1日を24時間とし、日曜日を休日とするなど、長い間続いた行事や慣習も改められた。

☐ ⑬政府は2月11日を〔23　〕、11月3日を〔24　〕とするなど、皇室行事を中心とする祝祭日を定めて国民意識の統一をめざした。

☐ ⑭文明開化の風潮は都会を中心にあらわれ、洋服の着用は官吏や巡査から民間へと広がった。まげを切り落とした〔25　〕が新風俗の象徴のようにみられた。

☐ ⑮銀座通りでは、線路上を馬車が走る〔26　〕が運行され、夜間は〔27　〕がともった。

2 明治の文化

☐ ①徳富蘇峰は〔28 〕を設立して雑誌『〔29 〕』を創刊し、平民主義を提唱した。

☐ ②三宅雪嶺らは〔30 〕を設立して雑誌『日本人』を創刊し、国粋主義を提唱した。陸羯南は新聞『〔31 〕』を創刊し、国民主義を主張した。

☐ ③日清戦争後、〔32 〕は雑誌『太陽』で〔33 〕を提唱し、国民精神の発揚を訴えた。

☐ ④明治初期の廃仏毀釈などの影響を受けた仏教は、西洋の信仰自由論をとり入れるなど教団の改革を進めた〔34 〕らの努力で近代化が進められていった。

☐ ⑤初代文部大臣〔35 〕のもとで、近代的学校制度を確立した一連の法令が発布された。これを〔36 〕と総称する。

☐ ⑥小学校令に定められた〔37 〕の期間は、1890年には尋常小学校の３～４年間と幅をもたせたものであったが、1907年には〔38 〕年間に延長された。

☐ ⑦明治中期以降、国家主義的な教育方針が重視されるようになり、1890年には忠君愛国を教育の基本とする〔39 〕が発布された。1891年、キリスト教徒の〔40 〕はこれへの最敬礼をこばんで第一高等中学校嘱託教員を辞職させられた。

☐ ⑧1903年から、小学校の教科書は文部省が著作の名義をもつ〔41 〕が使用された。

☐ ⑨法学は、フランスから招かれた〔42 〕が法典編纂を指導したが、民法典論争をきっかけに、穂積八束らの〔43 〕系の法学が主流になった。

☐ ⑩歴史研究は、文明史論の立場から田口卯吉が『〔44 〕』を著して新しい史観が紹介された。明治中期にはドイツの研究手法をとり入れた実証的な歴史学が確立した。

☐ ⑪1891年、論文「神道は祭天の古俗」を発表した〔45 〕は、神道家や国学者らの非難を受けて帝国大学教授の職を辞した。

☐ ⑫細菌学者の〔46 〕はドイツに留学して破傷風菌の純粋培養に成功し、帰国後に伝染病研究所を設立した。この研究所は赤痢菌を発見した〔47 〕を輩出している。

☐ ⑬薬学では、〔48 〕がタカジアスターゼの創製やアドレナリンの抽出に成功したほか、〔49 〕がオリザニンを発見し、〔50 〕がサルバルサンを創製した。

☐ ⑭物理学では、〔51 〕が原子模型の理論を発表した。

☐ ⑮地学・天文学では〔52 〕が地震計を発明し、〔53 〕が緯度変化のＺ項を発見した。

☐ ⑯1877年に東京大学に招かれた動物学者の〔54 〕は、ダーウィンの進化論を紹介したほか、〔55 〕の発掘調査を行なった。

☐ ⑰地質学者の〔56 〕は日本各地の地質調査に従事し、全国地質図を作成したほか、フォッサ＝マグナ（大地溝帯）の存在を指摘した。

☐ ⑱開拓使は北海道にアメリカ式農業の導入をはかり、農政家の〔57 〕を招いた。また、1876年に来日した〔58 〕は、〔59 〕の創設にあたりキリスト教精神にもとづいたアメリカ式教育を行ない、内村鑑三や新渡戸稲造らを輩出した。

☐ ⑲ドイツ人内科医の〔60 〕は1876年に来日して東京医学校・東京大学で内科や産科の講義を行なったほか、日本社会を鋭く観察した日記を残している。

Summary 明治の文化Ⅱ

1 ジャーナリズムの発達と近代文学の成立

Point ジャーナリズムは、自由民権運動や日清・日露戦争との関わりでおさえる。文学は、近代文学史の流れを表に整理してとらえる。

1 ジャーナリズム

新聞	**大新聞**…『政治評論』『横浜毎日新聞』『東京日日新聞』『日新真事誌』『郵便報知新聞』『朝野新聞』『朝日新聞』(のち『大阪朝日新聞』)『時事新報』『自由新聞』『東京朝日新聞』『大阪毎日新聞』『日本』『国民新聞』『万朝報(よろずちょうほう)』『平民新聞』 **小新聞**…瓦版の伝統を継承、『読売新聞』
雑誌	『明六雑誌』『女学雑誌』『国民之友』『日本人』『太陽』『少年世界』『労働世界』『中央公論』

『平民新聞』

2 近代文学の成立

萌芽	**戯作文学(げさく)**…**仮名垣魯文(かながきろぶん)**『安愚楽鍋(あぐらなべ)』 **政治小説**…矢野龍溪『経国美談』、東海散士『佳人之奇遇』
展開	**写実主義** **坪内逍遙(つぼうちしょうよう)**『**小説神髄(しょうせつしんずい)**』 **二葉亭四迷(ふたばていしめい)**『**浮雲(うきぐも)**』(**言文一致体**) 尾崎紅葉『金色夜叉』、山田美妙『夏木立』…硯友社(けんゆうしゃ)設立(雑誌『我楽多文庫(がらくた)』) 理想主義 **幸田露伴(こうだろはん)**『五重塔』 **ロマン主義**[日清戦争前後] **北村透谷(きたむらとうこく)** **樋口一葉(ひぐちいちよう)**『たけくらべ』『にごりえ』 **森鷗外(もりおうがい)**『舞姫』『即興詩人』 泉鏡花『高野聖』 島崎藤村(しまざきとうそん)『若菜集』 **自然主義**[日露戦争前後] **国木田独歩(くにきだどっぽ)**『牛肉と馬鈴薯(ばれいしょ)』『武蔵野』 **田山花袋(たやまかたい)**『蒲団(ふとん)』 **島崎藤村**『破戒』『夜明け前』 徳田秋声『黴』 正宗白鳥『何処へ』 長塚節『土』 石川啄木『一握の砂』 反自然主義[明治末期] **夏目漱石(なつめそうせき)**…『吾輩は猫である』『坊っちゃん』 文芸誌の刊行 『**文学界**』(純文学・北村透谷) 『**ホトトギス**』(俳句・正岡子規、のち高浜虚子) 『**明星**』(詩歌・与謝野鉄幹) 『**アララギ**』(短歌・伊藤左千夫)
新傾向	社会的矛盾と自我の問題の追究(人道主義) 有島武郎(ありしまたけお)・志賀直哉(しがなおや)・武者小路実篤(むしゃのこうじさねあつ)ら…雑誌『**白樺(しらかば)**』 女性の解放問題 平塚らいてう(明(はる))…雑誌『**青鞜(せいとう)**』

『小説神髄』

『浮雲』

『金色夜叉』

2 近代芸術の発達

Point 演劇では、新劇の文芸協会と自由劇場が重要なポイント。絵画では日本画と西洋画の両者の動向をしっかりと把握すること。

1 演劇

歌舞伎	河竹黙阿弥(かわたけもくあみ)…散切物(文明開化主義)と活歴物(歴史劇) 演劇改良運動…「**団菊左時代**」の出現(明治中期の全盛時代)	
新派劇	[日清戦争前後] 壮士芝居(書生芝居)…川上音二郎がオッペケペー節で一世を風靡(ふうび) 現代劇…『滝の白糸』『不如帰(ほととぎす)』『金色夜叉』など	
新　劇	[日露戦争後]西洋翻訳劇…シェイクスピア・イプセンなど	
	1906 1909	**文芸協会**…坪内逍遙・島村抱月 **自由劇場**…小山内薫(おさないかおる)・市川左団次(2代目)

2 音楽

軍隊に**洋楽**の導入　小学**唱歌**…伊沢修二(音楽取調掛)	
1887	**東京音楽学校**の設立…作曲家**滝廉太郎**(たきれんたろう)の出現、「荒城の月」「花」

3 絵画

日本画…日本画の復興 **フェノロサ**　**岡倉天心**(おかくらてんしん)『東洋の理想』『茶の本』　狩野芳崖『悲母観音』	
1887 1898	**東京美術学校**の設立…西洋美術の排除、橋本雅邦『龍虎図』 **日本美術院**の設立…岡倉天心を中心に伝統美術、菱田春草『黒き猫』
西洋画…**工部美術学校**で教授(フォンタネージ・キヨソネ)、青木繁『海の幸』	
1889 1896 1907	**明治美術会**…日本最初の洋画団体、**浅井忠**(あさいちゅう)『収穫』ら **白馬会**(外光派)…**黒田清輝**(くろだせいき)『湖畔』『読書』・久米桂一郎ら 文部省が日本画・洋画統合の展覧会開催→**文部省美術展覧会**(文展、のち帝展)

4 彫刻

木彫	**高村光雲**(たかむらこううん)『老猿』
彫塑	工部美術学校で教授(ラグーザ) **荻原守衛**(おぎわらもりえ)『女』『坑夫』

5 建築

コンドル(英)…鹿鳴館・ニコライ堂
辰野金吾(たつのきんご)…東京駅・日本銀行本店
片山東熊(かたやまとうくま)…旧東宮御所(迎賓館赤坂離宮)

『湖畔』

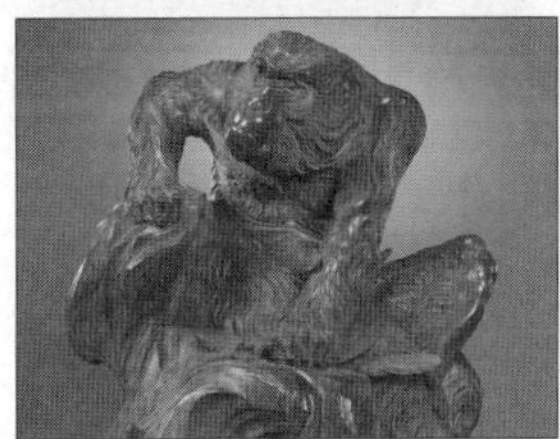
『老猿』

Speed Check! 明治の文化Ⅱ

❶ ジャーナリズムの発達と近代文学の成立

☐ ①1892年、黒岩涙香(くろいわるいこう)が創刊した『[1]』は、1899年以降、論説陣を強化して、東京の最有力紙となった。日露戦争に際して一時非戦論を唱えたが、のち主戦論に転じた。

☐ ②1872年、前島密の支持により創刊された『[2]』は、立憲改進党系の機関紙となり、民権派政論新聞として発展したが、のち『報知新聞』と改題し、大衆化した。

☐ ③現在の『毎日新聞』の前身紙の一つである『[3]』は、東京では最初の日刊紙であったが、福地源一郎が入社して以降、しだいに政府の御用新聞と化していった。

☐ ④雑誌の本格的な発達は、1880年代後半の民友社の『国民之友』や政教社の『[4]』の創刊からである。1890年代後半には高山樗牛らの『[5]』や、『反省会雑誌』の後身の『[6]』などの総合雑誌も創刊され、新聞とは違う形で国民文化の発達に貢献した。

☐ ⑤文学では、明治初年に後退した[7]が復活し、仮名垣魯文は『[8]』などで、文明開化期の世相を風刺した作品を描いた。

☐ ⑥政治・外交問題をめぐる民権論・国権論が高まる中で、政治運動家らによって[9]が書かれ、矢野龍溪の『[10]』、東海散士の『[11]』などが広く人気を博した。

☐ ⑦坪内逍遙は、戯作文学の勧善懲悪主義や政治小説の政治主義に対し、人間の内面を写実的に描き出そうと、1885年に『[12]』を刊行した。また、言文一致体で書かれた[13]の『浮雲』は、逍遙の提唱を文学作品として結実させたものでもあった。

☐ ⑧尾崎紅葉・山田美妙らの[14]は、写実主義を掲げながらも文芸小説の大衆化を進め、回覧雑誌『[15]』を発刊した。

☐ ⑨幸田露伴は坪内逍遙の内面尊重を受け継ぎ、東洋的な観念を主題とする作品『[16]』を著した。

☐ ⑩日清戦争前後には、北村透谷らの雑誌『[17]』を中心にして、人間の感情面を重んじる[18]文学がさかんになり、小説では[19]の『たけくらべ』や森鷗外の処女作でベルリンを舞台として描いた『[20]』などのすぐれた作品が発表された。

☐ ⑪詩歌の分野でも、ロマン主義がさかんで、島崎藤村の処女詩集『[21]』や[22]の『みだれ髪』などの情熱的な短歌があらわれた。

☐ ⑫正岡子規は俳句の革新と万葉調和歌の復興をめざし、1897年には松山で俳句雑誌『[23]』の刊行に協力した。翌年、門下の高浜虚子らが引き継ぎ東京で刊行された。

☐ ⑬和歌では、正岡子規の門下から伊藤左千夫や長塚節らが出て、1908年には短歌雑誌『[24]』を刊行した。

☐ ⑭徳富蘇峰の弟[25]はトルストイに心酔し、キリスト教人道主義に立って社会的題材をあつかった作品を世に出した。彼の代表作として、封建的世相下の夫婦愛の悲劇を描いた『[26]』がある。

☐ ⑮日露戦争の前後になると、人間社会の暗い現実の姿をありのままに写し出そうとする[27]が文壇の主流となり、『牛肉と馬鈴薯』の[28]や『蒲団』の[29]らの作家があらわれた。

☐ ⑯ロマン主義詩人から自然主義作家に転じた[30]は、『破戒』で被差別部落出身者の苦悩をあつかい、また維新前後の木曽に題材を求めた『[31]』で歴史小説の大作を完成させた。

☐ ⑰自然主義作家の[32]は、作品『黴』や『あらくれ』などで、生活の姿をありのままに描こうとした。

☐ ⑱ロマン主義から出発した詩人[33]はやがて自然主義へ傾斜し、『一握の砂』などの作品で、社会主義思想を盛り込んだ生活詩をうたいあげた。

☐ ⑲夏目漱石は自然主義に反発し、知識人の内面生活を国家・社会との関係でとらえる作品を著した。彼の代表作に、猫に託して彼の社会観を語った『[34]』や、旧制松山中学校の経験を素材にした『[35]』などがある。

☐ ⑳日露戦争後、社会的矛盾と自我の問題に目を向けようとする文学があらわれ、有島武郎・志賀直哉らが雑誌『[36]』を、平塚らいてうが雑誌『[37]』を創刊するなど、新傾向の文化を担った。

2 近代芸術の発達

☐ ①演劇では、明治初期に[38]が文明開化の風俗をとり入れた歌舞伎の新作を発表し、また名優もあらわれて、いわゆる「[39]時代」を現出し、歌舞伎の社会的地位は著しく向上した。

☐ ②日清戦争の前後から[40]と呼ばれる現代劇がはじまって、人気のある通俗小説の劇化などを行ない、演劇が民衆の娯楽として重要な存在となった。

☐ ③日露戦争後には、坪内逍遙の[41]や小山内薫の[42]などによって、西洋の近代劇の翻訳物が上演された。

☐ ④音楽は最初、軍隊用として西洋音楽がとり入れられ、次いで[43]らの努力で小学校教育に西洋の歌謡を模倣した唱歌が採用された。

☐ ⑤1887年に[44]が設立されて専門的な音楽教育がはじまり、「荒城の月」や「花」などを作曲した[45]らがあらわれた。

☐ ⑥1887年、政府の保護のもと[46]が設立され、アメリカ人[47]・岡倉天心らの影響のもとで、狩野芳崖・橋本雅邦らによりすぐれた日本画が創作された。

☐ ⑦西洋画は一時衰退を余儀なくされたが、やがて[48]らにより日本初の西洋美術団体である明治美術会が結成され、またフランス印象派の画風を学んだ[49]らにより白馬会が結成されるなど、しだいにさかんになった。

☐ ⑧伝統美術も岡倉天心らの[50]を中心に発展し、文部省も伝統美術と西洋美術の共栄をはかり、1907年の[51]の開設によって、両者は共通の発表の場をもつにいたった。[51]はその後、1919年に[52]に改組された。

☐ ⑨彫刻の分野でも伝統的な[53]と西洋の[54]とが、対立・競合しながら発達したが、絵画と同じく文展の開設によって共存の方向に向かった。

Summary 大正の文化

① 大正デモクラシー

Point 民主主義の指導的理論となった天皇機関説や民本主義をおさえ、大正デモクラシーの思潮を理解し、マルクス主義の流入にも注目する。

1 **天皇機関説**(国家法人説)：**美濃部達吉**(みのべたつきち)(東京帝国大学教授)の憲法理論

統治権は法人である国家にあり、天皇はその最高機関として統治権を行使(『憲法講話』1912)

2 **民本主義**：**吉野作造**(よしのさくぞう)のデモクラシー思想

「憲政の本義を説いて其有終の美を済(な)すの途(みち)を論ず」(『中央公論』1916)
天皇主権のもとで政党内閣の樹立、普通選挙の実現を主張

3 デモクラシーの推進

新人会の結成(1918)…吉野の影響を受けた東京帝国大学の学生たちによる思想団体
黎明会(れいめいかい)の結成(1918)…吉野作造・福田徳三ら(学者の団体)
雑誌…『我等』『改造』『解放』『中央公論』

4 思想界の動向

自由主義思想	長谷川如是閑(はせがわにょぜかん)…『我等』創刊　福田徳三…社会政策と『資本論』の紹介
社会主義思想	山川均
マルクス主義思想	**河上肇**(かわかみはじめ)…社会問題への関心、『貧乏物語』
国家社会主義思想	**北一輝**(きたいっき)『日本改造法案大綱』(1923)

② 大衆文化の登場

Point 教育は高等教育の拡充と初等教育の普及を、科学は産業技術分野で学問的成果がみられたことを、文学は白樺派を中心にとらえる。

1 教育

1907	義務教育6年制の採用→就学率97%
1918	**大学令**・改正高等学校令の公布(原敬内閣)

2 学問

人文科学	哲　学	**西田幾多郎**(にしだきたろう)…『善の研究』(ドイツ観念論＋東洋哲学)
	倫理学	**和辻哲郎**(わつじてつろう)…『古寺巡礼』『風土』(日本文化論)
	経済学	河上肇…『貧乏物語』、マルクス主義経済学の研究
	民俗学	**柳田国男**(やなぎたくにお)…民間伝承の調査・研究、民俗学の確立
	歴史学	**津田左右吉**(つだそうきち)…『神代史の研究』(古代史の科学的解明)
自然科学	研究機関の設立…理化学研究所・航空研究所・地震研究所などの設立 **本多光太郎**(ほんだこうたろう)…KS磁石鋼の発明　**野口英世**(のぐちひでよ)…梅毒スピロヘータ、黄熱病の研究	

3 大衆文化

新聞	全国紙の登場…『大阪毎日新聞』『大阪朝日新聞』
出版	週刊誌…『週刊朝日』『サンデー毎日』 総合雑誌…『中央公論』『改造』　大衆娯楽雑誌…**『キング』** **円本**（1冊1円）の出現　岩波文庫の出版
放送	1925年　**ラジオ放送**の開始→全国に放送網
映画	1896年　神戸で初演　［大正期］無声映画→［昭和初期］トーキー
音楽	蓄音器とレコードにて普及　宝塚少女歌劇団
市民生活	**文化住宅・電灯・地下鉄**・円タク・モガ（モダンガール）・ モボ（モダンボーイ）・百貨店（**ターミナルデパート**）

4 文学

白樺派	**武者小路実篤**　**志賀直哉**『暗夜行路』　**有島武郎**『或る女』 雑誌**『白樺』**…大正文学の主流、人道主義・理想主義
耽美派	**永井荷風**『腕くらべ』　**谷崎潤一郎**『痴人の愛』 雑誌『スバル』…芸術至上主義
新思潮派	**芥川龍之介**『羅生門』　**菊池寛**『父帰る』『恩讐の彼方に』 雑誌『新思潮』…理知主義・新現実主義
新感覚派	横光利一　**川端康成**『伊豆の踊子』
プロレタリア文学	葉山嘉樹『海に生くる人々』 **小林多喜二**『蟹工船』　**徳永直**『太陽のない街』 『種蒔く人』→『文芸戦線』…日本プロレタリア文芸連盟の機関誌 『戦旗』…全日本無産者芸術連盟の機関誌
大衆文学（小説）	**中里介山**『大菩薩峠』　吉川英治『宮本武蔵』 大佛次郎『鞍馬天狗』　直木三十五　江戸川乱歩

5 演劇：新劇

1913	芸術座…島村抱月・松井須磨子ら、「復活」が評判
1924	**築地小劇場**…**小山内薫**・土方与志ら 「演劇の実験室」、**新劇運動**の中心

6 音楽

日本交響楽協会の設立…山田耕筰

7 絵画

官立系	1919年　帝国美術院展覧会（帝展）		
在野系	日本画	1914	日本美術院の再興 …**横山大観**・下村観山ら、院展の隆盛
	西洋画	1914	**二科会**…**安井曽太郎**・**梅原龍三郎**ら、 文展洋画部から独立
		1922	**春陽会**…**岸田劉生**ら、院展洋画部から独立

『キング』創刊号

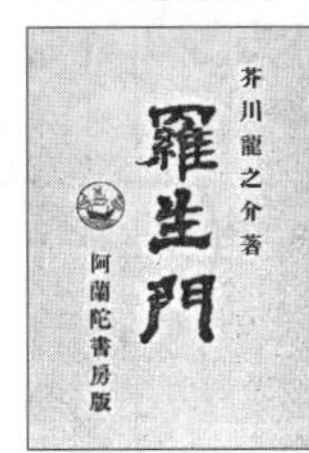

『羅生門』

『白樺』

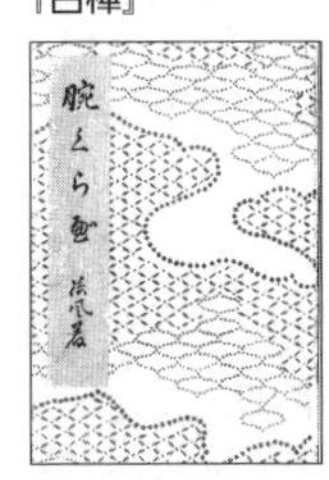
『腕くらべ』

『太陽のない街』

Speed Check! 大正の文化

❶ 大正デモクラシー

☐ ①憲法学者[1]は、1912年に『憲法講話』の中で、[2]とともに政党内閣を支持する憲法論を唱えた。

☐ ②東京帝国大学教授の[3]は、1916年に『中央公論』で「憲政の本義を説いて其有終の美を済すの途を論ず」と題する論文を発表して、[4]を主張した。

☐ ③吉野作造は1918年に自由主義者・進歩的学者を中心に[5]を組織して全国的な啓蒙運動を行ない、知識層を中心に大きな影響を与えた。

☐ ④吉野作造らの影響を受けた東京帝国大学の学生らにより[6]が結成され、社会科学の研究や啓蒙活動を行ない、彼らは普選運動や労働運動・農民運動と結び付いていった。

☐ ⑤長谷川如是閑・大山郁夫らは、1919年に雑誌『[7]』を創刊し、自由主義からマルクス主義にいたる論説を載せ、急進的民主主義の立場から論陣をはった。

☐ ⑥経済学者の[8]は、ドイツ留学後、社会政策学派として経済理論・経済史を導入し、また『資本論』を紹介するなどした。

☐ ⑦[9]は、ヨーロッパ留学を経てしだいにマルクス主義の研究に進み、1917年に『[10]』を発刊して、貧乏の現状とその原因及び救済策を論じた。

☐ ⑧[11]は、1923年に『日本改造法案大綱』を刊行し、天皇大権を中心に、私有財産制限、金融・工業の国家管理など[12]主義的な国家改造を主張した。

❷ 大衆文化の登場

☐ ①大正から昭和初期にかけての文化の特色は、[13]文化の発展であり、その背景として、日露戦争後すでに[14]が徹底して就学率が97%をこえ、ほとんどの人が文字を読めるようになっていたことがあげられる。

☐ ②1918年、原敬内閣の政策により[15]が制定され、総合大学の帝国大学のほか、単科大学や公立・私立の大学の設置が認められ、高等教育機関の拡充がはかられた。

☐ ③新聞は急速に部数を拡大し、大正末期には大新聞の中には発行部数100万部をこえるものもあらわれた。また、週刊誌や『中央公論』『改造』をはじめとする[16]が、急速な発展をとげたのもこの頃であった。

☐ ④昭和期に入ると『現代日本文学全集』などの1冊1円で売る[17]や岩波文庫が登場して、低価格・大量出版の先駆けとなり、大衆娯楽雑誌の『[18]』の発行部数も100万部をこえた。

☐ ⑤1925年には東京・大阪・名古屋で[19]が開始され、翌年にはこれらの放送局を統合して[20]が設立されて放送網は全国に拡大した。また、[21]も大正末期から観客数が飛躍的に増大し、すぐれた国産の作品がつくられるようになった。

☐ ⑥都市を中心とする文化の大衆化は、生活様式にも大きな変化をもたらし、洋服の普及、和洋折衷の食生活、鉄筋コンクリート造の公共建築、[22]と呼ばれた洋風の市民住宅、電灯の普及、水道・ガス事業の発展などが、この時期にみられた。

☐ ⑦東京と大阪では[23]が開業し、私鉄の経営する[24]があらわれ、盛り場ではモガやモボが闊歩するようになった。

☐ ⑧1917年に〔25　〕が、物理・化学の研究及びその応用を目的とする民間の研究機関として創設されたのをはじめ、東京帝国大学付属の〔26　〕や地震研究所などがあいついで設立された。

☐ ⑨自然科学では、野口英世の〔27　〕の研究、〔28　〕のKS磁石鋼の発明など、すぐれた業績があった。

☐ ⑩人文科学では、西田幾多郎が『〔29　〕』を著して主観的観念論を展開し、独自の哲学体系を打ち立て、また歴史学者の〔30　〕は日本古代史の科学的研究を行ない『〔31　〕』を著した。一方、柳田国男は民間伝承などの調査・研究を進めて、無名の民衆の生活史を明らかにする〔32　〕を確立した。

☐ ⑪1910年、学習院出身の青年たちを中心に同人雑誌『〔33　〕』が創刊され、自然主義に対抗し、人道主義・理想主義を標榜し、大正文壇の主派となった。この派の作家として、長編小説『暗夜行路』の〔34　〕や『或る女』の〔35　〕らがいる。

☐ ⑫文学では、耽美派の〔36　〕が1916年に『腕くらべ』を発表し、花柳界の人情の機微を著した。また、谷崎潤一郎は『刺青』で女性の病的な官能美を追究し、『〔37　〕』で彼の文学を完成させた。

☐ ⑬大正中期以降、東大系の同人雑誌『〔38　〕』によった一派が活躍した。この派の作家として、『羅生門』の〔39　〕や『父帰る』の〔40　〕らがいる。

☐ ⑭大正末から昭和初期にかけての社会主義運動・労働運動の高揚にともない、社会問題をあつかった〔41　〕もおこり、1921年創刊の雑誌『種蒔く人』はその出発点となった。

☐ ⑮その後、1924年の『文芸戦線』、28年の『戦旗』などの機関誌が刊行されてさかんになり、〔42　〕の『海に生くる人々』、小林多喜二の『〔43　〕』、徳永直の『〔44　〕』などの作品が発表された。

☐ ⑯大衆文学では、中里介山が長編時代小説『〔45　〕』を発表し、また〔46　〕も多くの時代小説を創作した。彼の代表作として大作『宮本武蔵』がある。

☐ ⑰演劇では、1913年に島村抱月・松井須磨子を中心に〔47　〕が組織され、「〔48　〕」などを上演して人気を博した。

☐ ⑱1924年には〔49　〕・土方与志が「演劇の実験室」として東京に〔50　〕をおこし、多数の翻訳劇を上演して新劇運動の拠点となった。

☐ ⑲音楽では唱歌とともに童謡がさかんに歌われるようになり、日本交響楽協会を設立した〔51　〕が「この道」「からたちの花」などの作曲をして活躍した。

☐ ⑳美術の面では、西洋画が躍進して安井曽太郎・梅原龍三郎らの〔52　〕、岸田劉生らの〔53　〕などが注目され、日本画では〔54　〕・下村観山らが日本美術院を再興して院展をさかんにし、近代絵画としての新しい様式を開拓した。

Summary 昭和・平成の文化

1 戦前の文化

Point 戦前の文化は思想・学問の弾圧に注目。対象が自由主義や学問へと広がる過程をおさえる。

1 思想・学問の弾圧

弾圧機関…**特別高等課**(特高)：1911年警視庁に、1928年全国の警察に設置	
1920	森戸(もりと)事件…森戸辰男(たつお)「クロポトキンの社会思想の研究」の弾圧
1933	**滝川(たきがわ)事件**…文部大臣鳩山一郎が京都帝国大学教授滝川幸辰(ゆきとき)の休職を要求 →『刑法読本』が発禁
1935	**天皇機関説事件**…菊池武夫が『憲法撮要』を非難 →発禁、美濃部達吉(みのべたつきち)が貴族院議員を辞任 岡田啓介内閣は**国体明徴声明**を発表(大正デモクラシーの理論的支柱を否定)
1937	矢内原(やないはら)事件…東京帝国大学教授矢内原忠雄(ただお)が植民地政策を批判 →『帝国主義下の台湾』などが発禁
1937 ～38	第１次・第２次人民戦線事件…無産政党員・労農派教授グループの検挙 →加藤勘十・山川均・大内兵衛・有沢広巳らを検挙
1938	河合栄治郎らを攻撃→『ファシズム批判』などが発禁、1939年休職
1940	津田左右吉(つだそうきち)の『神代史の研究』などが発禁

2 戦時下の文化

思想	[1930年代]　社会主義からの**転向**、国家社会主義の流行 →雑誌『日本浪曼派(ろうまん)』(亀井勝一郎・保田与重郎)による反近代・民族主義の提唱 [日中戦争期]　全体主義が主流…東亜新秩序論、大東亜共栄圏論、統制経済論
文学	[1930年代]　プロレタリア文学・新感覚派→プロレタリア文学の壊滅 [日中戦争期]　戦争文学 火野葦平(ひのあしへい)(『麦と兵隊』)・石川達三(『生きてゐ(い)る兵隊』)が発禁 日本文学報国会の結成

2 戦後の文化

Point 戦後の文化は教育改革と文化財、及びノーベル賞受賞者に注目。生活文化の動向も見逃せない。

1 教育制度の改革

1945	軍国主義的な教員の追放、修身・日本歴史・地理の授業停止指令
1946	アメリカ教育使節団の来日、教育改革を勧告
1947	**教育基本法**…義務教育９年制・教育の機会均等・男女共学など **学校教育法**…６・３・３・４制
1948	**教育委員会法**┬→教育の地方分権：都道府県・市町村に公選の教育委員 └→首長の権限強化：公選制、のちに任命制に変更(1956)
2006	教育基本法改正…愛国心・伝統の強調(安倍晋三内閣)

2 思想・学問弾圧の解除と価値観の転換

人文・社会科学	考古学…登呂・岩宿遺跡の発掘　経済史学…大塚久雄『近代資本主義の系譜』 政治学…丸山真男「超国家主義の論理と心理」　法社会学…川島武宜	
言論界	雑誌…『中央公論』『改造』の復刊、『世界』『展望』『思想の科学』の創刊	
大衆文化	「リンゴの唄」の大流行　歌手…美空ひばりの登場 映画監督…溝口健二・黒澤明　スポーツ…プロ野球の復活　※伝統的武道の禁止	
その他	1946	文化勲章授与の復活
	1949	**日本学術会議**の発足
	1950	**文化財保護法**の制定…1949年の法隆寺金堂壁画焼損がきっかけ

生活文化史年表	
1951	民間ラジオ放送の開始
1953	日本放送協会(NHK)、**テレビ放送**の開始
1956	週刊誌ブームはじまる、南極観測の開始
1957	茨城県東海村原子力研究所 …原子力の平和利用の研究
1950代後半	白黒テレビ・電気洗濯機・電気冷蔵庫(「**三種の神器**」)の爆発的普及
1960代以降	週刊誌の発行部数激増、映画産業の斜陽化
1960	カラーテレビ放送の開始
1964	**東海道新幹線**開通、**東京オリンピック**開催
1967	**公害対策基本法**制定
1968	**文化庁**の設置…伝統文化の保護・文化の振興
1960代後半	カー(自動車)・カラーテレビ・クーラー(「**3C**」、「**新三種の神器**」)の普及
1970	日本万国博覧会(**大阪万博**)開催
1971	**環境庁**の設置
1973	第1次**石油危機→狂乱物価**
1975	山陽新幹線開通 高校進学率90%、大学の大衆化進む
1978	新東京国際空港開港
1982	東北・上越新幹線開通
1985	国際科学技術博覧会(つくば万博)開催
1988	青函トンネル・瀬戸大橋開通
1994	関西国際空港開港
1995	**阪神・淡路大震災**
1998	長野冬季オリンピック開催
1999	携帯電話の普及
2011	**東日本大震災**、福島第一原子力発電所事故
2020	新型コロナウイルス感染症の世界的流行
2021	東京オリンピック開催(2020から延期)
2022	ウクライナ危機と輸入品物価の高騰

主な文学作品
坂口安吾『白痴』1946
太宰治『斜陽』1947
石坂洋次郎『青い山脈』1947
大岡昇平『俘虜記』1948
谷崎潤一郎『細雪』1948
木下順二『夕鶴』1949
三島由紀夫『仮面の告白』1949
峠三吉『原爆詩集』1951
野間宏『真空地帯』1952
石原慎太郎『太陽の季節』1955
井上靖『天平の甍』1957
松本清張『点と線』1958

ノーベル賞受賞者(～2010)	
1949	**湯川秀樹**(ゆかわひでき)(物理学賞)
1965	朝永振一郎(物理学賞)
1968	川端康成(文学賞)
1973	江崎玲於奈(物理学賞)
1974	佐藤栄作(平和賞)
1981	福井謙一(化学賞)
1987	利根川進(医学・生理学賞)
1994	大江健三郎(文学賞)
2000	白川英樹(化学賞)
2001	野依良治(化学賞)
2002	小柴昌俊(物理学賞)
2002	田中耕一(化学賞)
2008	南部陽一郎・小林誠・益川敏英(物理学賞)、下村脩(化学賞)
2010	根岸英一・鈴木章(化学賞)

Speed Check!

昭和・平成の文化

❶ 戦前の文化

- ☐ ①満洲事変をきっかけに日本国内でナショナリズムが高揚し、あらゆる分野に大きな衝撃を与え、無産政党の分野でも〔[1] 〕主義への〔[2] 〕が進んだ。1932年には、〔[3] 〕を中心に日本国家社会党が結成され、残った人々は合同して〔[4] 〕を結成した。
- ☐ ②1933年、日本共産党の幹部佐野学・〔[5] 〕らが、獄中から転向声明書を発表し、広く社会主義者に影響を与え、大量転向のきっかけをつくった。一方、社会主義を守り続けた鈴木茂三郎らの日本無産党なども、1937年には弾圧されて活動を停止した。
- ☐ ③1920年、東京帝国大学助教授〔[6] 〕は、無政府主義者クロポトキンに関する論文「クロポトキンの社会思想の研究」が危険思想とされて、休職処分となった。
- ☐ ④1933年、自由主義的刑法学説を唱えていた京都帝国大学教授〔[7] 〕の『刑法読本』が、国家破壊の著作として批判され、彼は大学を追われた。
- ☐ ⑤1935年、貴族院で〔[8] 〕の説く〔[9] 〕が反国体的であるとして非難され、大きく政治問題化した。軍・右翼は、天皇は統治権の主体であるとして、彼の学説を激しく攻撃した。時の岡田啓介内閣はこれに屈服して〔[10] 〕を出し、〔[9] 〕を否認した。
- ☐ ⑥1937年、東京帝国大学教授〔[11] 〕は、『帝国主義下の台湾』などで政府の植民地政策を批判して大学を追われた。1938年には、同じく東大教授で自由主義経済学者の〔[12] 〕が、『ファシズム批判』などの著書が発禁となるうえに、休職となった。また、1940年には歴史学者〔[13] 〕の古代史研究の著書が発禁になった。

❷ 戦後の文化

- ☐ ①1946年に来日した〔[14] 〕の勧告により、47年に新しい教育理念を示す〔[15] 〕が制定され、義務教育が６年から９年に延長された。
- ☐ ②1947年に制定された〔[16] 〕により、６・３・３・４の新学制が発足した。さらに教育の地方分権をめざして、1948年には都道府県・市町村ごとに、公選による〔[17] 〕が設けられた。
- ☐ ③言論界も活気づき、乏しい用紙事情のもとで数多くの新聞や雑誌が誕生し、民主化を促進した。『〔[18] 〕』『改造』などが復刊し、『世界』『思想の科学』などの新しい総合雑誌もうまれた。
- ☐ ④再発足した〔[19] 〕が放送網を全国に拡充し、民間の〔[20] 〕も1951年から開始された。
- ☐ ⑤〔[21] 〕の焼損をきっかけとして、伝統ある文化財を保護するために、1950年に〔[22] 〕が制定された。また途絶していた〔[23] 〕の授与も復活した。
- ☐ ⑥天皇制に関するタブーがとり除かれたことによって、人文科学・社会科学の研究の成果はめざましく、静岡県〔[24] 〕・群馬県〔[25] 〕の発掘など、考古学研究がさかんになる一方、丸山真男の〔[26] 〕、大塚久雄の経済史学、川島武宜の法社会学などが学生・知識人に大きな影響を及ぼした。
- ☐ ⑦自然科学の分野では、理論物理学者の〔[27] 〕が1949年に日本人で初めてノーベル賞を受賞し、また同年に学界を代表する機関として〔[28] 〕が設けられた。

☐ ⑧この時代には、音楽・演劇・映画・文学などのあらゆる面で、生活苦にあえぎながらも明るい大衆的な文化が広がった。「〔29　　〕」の大流行に続いて、美空ひばりがあらわれて人々のかっさいを受け、溝口健二や〔30　　〕らによって国際的にも高く評価される映画がつぎつぎとつくられた。

☐ ⑨伝統的な〔31　　〕が禁止された反面、野球などのスポーツが用具の不足にもかかわらずさかんになり、復活した〔32　　〕の人気も高まった。

☐ ⑩1950年代後半以降には、「〔33　　〕」といわれた白黒テレビ・電気洗濯機・電気冷蔵庫が爆発的に普及し、1960年代後半以降は、「〔34　　〕」といわれた自動車・カラーテレビ・クーラーの普及率が上昇した。

☐ ⑪1965年に名神高速道路が開通したのを皮切りに、高速道路がつぎつぎに建設された。1964年には東京オリンピック開催を目前に〔35　　〕が、続いて山陽・東北・上越と新幹線が建設されていった。

☐ ⑫1988年には、青函トンネルと〔36　　〕の開通で、北海道・本州・九州・四国が結ばれた。また1978年には千葉県成田に〔37　　〕が、94年には大阪湾内に関西国際空港が開港して、国際化時代を促進していった。

☐ ⑬1967年に〔38　　〕が制定され、大気汚染・水質汚濁などの公害を規制し、事業者・国・地方公共団体の責務を明らかにするとともに、71年に〔39　　〕が設置されて各省庁のばらばらな公害行政と環境保全施策の一本化がはかられた。

☐ ⑭1968年に伝統ある文化財を保護して文化を振興するための〔40　　〕が設置され、重要な文化財の指定・調査・管理・修理・出品公開などにあたることになった。

☐ ⑮1956年から国際地球観測年の一環事業として〔41　　〕が、また57年には「第三の火」といわれる原子力の平和利用に関する研究が茨城県東海村の〔42　　〕ではじまった。

☐ ⑯ノーベル賞では、1965年に〔43　　〕が物理学賞、94年に〔44　　〕が文学賞を授与され、文化の国際的交流も活発になり、世界的な学術会議が日本でしばしば開かれるようになった。

☐ ⑰1964年の第18回オリンピック大会は東京で開催され、70年には大阪で〔45　　〕、85年には筑波で〔46　　〕が開かれるなど、日本も国際的文化交流に寄与することが多くなった。

☐ ⑱文学の面では、〔47　　〕が戦後デカダン文学の旗手として『斜陽』など憎悪と反逆の作品を書いた。また、〔48　　〕は自伝的小説『仮面の告白』を出世作として、『潮騒』『金閣寺』などで美的探究を続けた。

☐ ⑲新聞記者から作家へ転身した〔49　　〕は、現代小説から歴史小説まで幅広い分野で活躍し、代表作に『天平の甍』がある。同じく〔50　　〕も新聞社勤めの経験をもつ作家で、『点と線』で社会派推理小説の分野を確立するとともに、時代小説・政治小説・ノンフィクションなどの分野でも活躍した。

Summary 教育史

1 古代〜近世の教育史

Point 時代ごとに教育機関の変遷とその目的や内容を理解する。学問・思想史との関連に注意。近世の教育機関は、地図で場所を確認し、またそれに関わった人物もおさえる。

	教育機関	庶民教育
奈良	**大学・国学**…儒学中心・官吏養成 芸亭(うんてい)…石上宅嗣(いそのかみのやかつぐ)、最初の公開図書館	
平安	**大学別曹**(べっそう)…有力貴族の寄宿施設的なもの 弘文院(和気氏)・勧学院(藤原氏) 学館院(橘氏)・奨学院(在原氏)	**綜芸種智院**(しゅげいしゅちいん)…空海(くうかい)、広く儒教・仏教・道教を講義
鎌倉	**金沢文庫**(かねざわ)…金沢実時、仏典・漢籍中心	
室町	**足利学校**(あしかが)の再興…上杉憲実(うえすぎのりざね)、「坂東の大学」 戦国大名の学問奨励…儒学中心	**寺子屋**はじまる 『庭訓往来』(ていきんおうらい)・『節用集』(せつようしゅう)などの刊行
江戸	幕府 **昌平坂学問所**…朱子学中心 **藩校**(藩学)…儒学中心、のちに国学・洋学も ----→ 私塾…儒学・国学・洋学ほか	寺子屋普及(読み・書き・そろばんなど) **郷校**(郷学)…**閑谷学校**(しずたに)(岡山藩)など 心学舎…石田梅岩、商業の正当性

主な藩校

設立地	名称	設立者	年代
萩	明倫館	毛利吉元	1719
熊本	時習館	細川重賢	1755
鹿児島	造士館	島津重豪	1773
福岡	修猷館	黒田斉隆	1784
米沢	興譲館	上杉治憲	1776
秋田	明徳館	佐竹義和	1789
会津	日新館	松平容頌	1799
水戸	弘道館	徳川斉昭	1841

主な私塾

設立地	名称	設立者	内容
岡山	**花畠教場**(はなばたけ)	熊沢蕃山	陽明学
近江小川	藤樹書院	中江藤樹	陽明学
京都堀川	古義堂	伊藤仁斎	堀川学派
江戸	蘐園塾	荻生徂徠	古文辞学派
大坂	**懐徳堂**(かいとくどう)	大坂町人	儒学
江戸	芝蘭堂	大槻玄沢	洋学
豊後日田	咸宜園	広瀬淡窓	儒学
大坂	洗心洞	大塩平八郎	陽明学
大坂	**適々斎塾**(てきてきさいじゅく)(適塾)	緒方洪庵	洋学
長崎	**鳴滝塾**(なるたきじゅく)	シーボルト	洋学

[幕府の学校の変遷と東京大学]

蛮書和解御用(ばんしょわげごよう)(1811)---**蕃書調所**(1856)----開成学校
湯島聖堂学問所———昌平坂学問所———昌平学校
(林家主宰、1690)　(1797)
種痘館(しゅとう)———種痘所———西洋医学所----医学校
(1858)　(1860)　(1861)

開成学校・昌平学校・医学校(1868)—大学校(1869.9)—大学南校・大学本校・大学東校(1869.12)—**東京大学**(1877)

❷ 近代教育史

Point 近代化政策の流れの中で教育史をとらえる。戦前・戦後の学制の比較から近代の教育制度全般を理解する。

1 戦前の教育：国家主義教育の過程

1872	**学制**	フランスの教育制度、功利主義、国民皆学をめざす
1879	**教育令**	アメリカの自由主義教育制度、地方の実情に応じた制度
1880	教育令改正	国家主義教育、教育の中央集権化と教育統制を強化
1886	**学校令** (**森有礼**(もりありのり)文相)	帝国大学令・中学校令・小学校令・師範学校令の総称 小学校の義務教育年限4年、国家主義と道徳教育の強調
1890	**教育勅語**(ちょくご) (「教育に関する勅語」)	元田永孚(もとだながざね)・井上毅(こわし)の起草、忠君愛国の精神の強調
	小学校令改正	尋常小学校3～4年間の義務教育の明確化
1903	小学校令改正	**国定教科書**制度(～1947)→教育の国家統制進む
1907	小学校令改正	義務教育年限を6年に延長(就学率97%)
1908	**戊申詔書**(ぼしんしょうしょ)発布	教育を通じて国民道徳の作興(さっこう)をはかる(桂太郎首相)
1918	**大学令**	私立専門学校の大学への昇格→高等教育機関の拡充(原敬首相)
1941	**国民学校令**	小学校を国民学校と改称、皇国民錬成をめざす戦時体制

2 戦後の教育

教育に関するGHQの指令・勧告	
1945. 10	軍国主義的な教員の追放
1945. 12	①学校から神道教育の排除 ②修身・日本歴史・地理の授業停止、それらの教科書の回収・廃棄
1946. 3	アメリカ教育使節団の教育改革勧告

→

教育三法

教育基本法(1947)
　教育の機会均等・男女共学、義務教育9年制
学校教育法(1947)
　6・3・3・4の新学制発足
教育委員会法(1948)
　都道府県・市町村に公選の教育委員(1956に任命制)

3 学制の比較

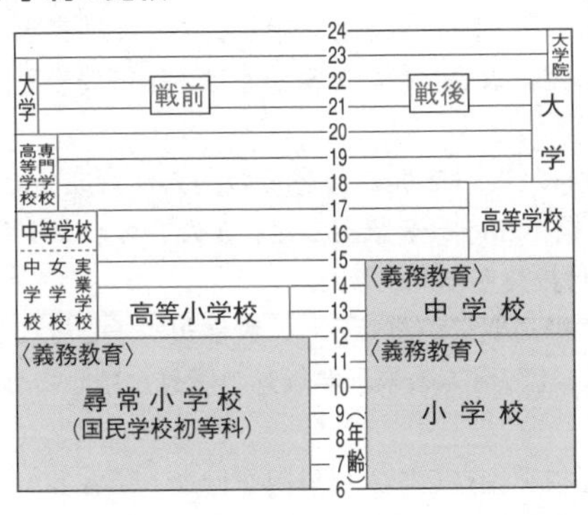

4 私立大学の創立

慶応義塾 1868〔**福沢諭吉**(ふくざわゆきち)〕
立教学校(立教大学) 1874
同志社英学校 1875〔**新島襄**(にいじまじょう)〕
明治法律学校(明治大学) 1881
東京法学社(法政大学) 1880
東京専門学校(早稲田大学) 1882〔**大隈重信**(おおくましげのぶ)〕
関西法律学校(関西大学) 1886
哲学館(東洋大学) 1887〔井上円了〕
女子英学塾(津田塾大学) 1900〔津田梅子〕
京都法政専門学校(立命館大学) 1900

Speed Check! 教育史

❶ 古代～近世の教育史

☐ ①奈良時代には、主に官吏を養成するため中央に[1　]、地方に[2　]がおかれた。また、石上宅嗣は自分の邸宅に[3　]という今日の図書館のような施設をつくり、人々に開放した。

☐ ②平安時代になると、大学での学問がさかんになり、儒教を学ぶ明経道のほか、漢文学や史学を学ぶ紀伝道が重んじられた。有力貴族は、大学に付属する寄宿施設的な[4　]を設けて、一族の子弟の勉学の便宜をはかった。

☐ ③上記の施設では、[5　]の勧学院、[6　]の弘文院、[7　]の学館院、[8　]の奨学院などがある。また、空海は[9　]を設けて、庶民のための教育をめざした。

☐ ④鎌倉時代になると、幕府の評定衆をつとめた金沢実時が、武蔵国称名寺に仏典を中心とした蔵書を公開して[10　]を設けた。足利氏一族の学校である[11　]は、室町時代に関東管領[12　]が再興し、ヨーロッパ人に「坂東の大学」と称された。

☐ ⑤中世の庶民教育では、都市の有力商工業者・村の指導者たちも読み・書き・計算が必要となり、日常生活に必要な知識として書簡形式の『[13　]』や、日常語句を集めた『[14　]』などが刊行されて、初級教科書として利用された。

☐ ⑥江戸時代になり、４代将軍徳川家綱が文治主義へ転換する頃から各地に好学の大名がうまれ、儒学者を顧問に藩政の刷新をはかった。なかでも岡山藩の池田光政は、郷学[15　]を設けるなどした。陽明学者の熊沢蕃山は、私塾[16　]を設けた。

☐ ⑦熊沢蕃山の師[17　]は、朱子学から陽明学に転じ、格物致知（かくぶつちち）論を究明し、故郷近江小川に[18　]を開き、近江聖人と称された。また、天保の飢饉に際して大坂で乱をおこした大坂町奉行所の元与力の大塩平八郎は、家塾[19　]で陽明学を講じた。

☐ ⑧古学派の伊藤仁斎は、京都堀川に[20　]を開き、仁斎の子東涯が継承した。一方、荻生徂徠は江戸茅場町に[21　]を開き、[22　]を唱えた。徂徠の門下からは、経世論を発展させた[23　]が出た。

☐ ⑨大坂町人が出資して設立された[24　]は、朱子学・陽明学などを講じ、のちに準官学とされて山片蟠桃や富永仲基らを輩出した。また、折衷学者の広瀬淡窓は、故郷豊後日田に[25　]を開き、多くの門人を輩出した。

☐ ⑩杉田玄白・前野良沢に学んだ[26　]は、江戸に[27　]を開き、多くの門人を育成した。[28　]が開いた大坂の[29　]は、福沢諭吉・橋本左内らを輩出した。また、オランダ商館医[30　]は、長崎郊外に[31　]を開き、高野長英らを育成した。

☐ ⑪５代将軍徳川綱吉の文教奨励政策の一環で、湯島聖堂が建てられ、大学頭に任じられた林鳳岡が[32　]を主宰した。寛政の改革では、[32　]での朱子学以外の講義が禁じられ、のちに官立に改められて[33　]と呼ばれた。

☐ ⑫江戸時代中期以降、諸藩の藩政改革の中で藩校を設立して人材登用を行なう藩も多かった。熊本藩の時習館、米沢藩の[34　]、秋田藩の明徳館が設立され、それぞれの藩主は名君と評価された。ほかに会津藩の[35　]、水戸藩の[36　]などが著名である。

⑬江戸時代の初等教育では、図1のような[37]で、日常生活に役立つ教育が行なわれた。また、石田梅岩がおこした[38]は、商業の正当性や生活倫理をやさしく説き、町人の道徳として広まった。

図1

2 近代教育史

①明治新政府は、1872年に[39]にならった統一的な[40]を公布し、国民皆学をめざした。専門教育では、1877年に旧幕府の開成所・医学所を起源とする諸校を統合して[41]が設立された。

②文部省は、先の法令で国民皆学をめざしたが、この計画は現実とかけ離れていたため、1879年に[42]の制度にならった自由主義教育制度の[43]に改めた。しかし、翌年には改正して教育に対する政府の監督を強化し、国家主義教育をめざすようになった。

③1886年に文部大臣[44]は、帝国大学令・師範学校令・中学校令・小学校令の総称である[45]を公布し、尋常小学校の義務教育期間を４年以内とした。

④1890年、[46]・元田永孚の起草による教育勅語が発布され、[47]が学校教育の基本と強調された。また、この年、小学校令が改正されて尋常小学校の義務教育期間は３～４年間と明確化された。

⑤小学校の教科書は、1886年以来文部省の検定教科書が利用されていたが、1902年の教科書疑獄事件を契機に、03年から[48]にかわった。また、1907年には尋常小学校義務教育は[49]年に延長され、就学率は97%に達した。

⑥1908年に桂太郎首相は、日露戦争後に国民の間に芽生えた個人主義的・享楽的傾向を思想・風紀の悪化として、その是正のために[50]を発して節約・勤勉を強調し、教育を通じて国民道徳の作興をはかろうとした。

⑦福沢諭吉が創立した[51]、新島襄が創立した[52]、大隈重信が創立した[53]などの私立専門学校が発達し、独自の学風を誇った。1918年に原敬内閣は大学令を公布し、これらの私立専門学校を大学に昇格させ、高等教育機関の拡充をはかった。

⑧中国との戦争が長期化する中、新体制運動が展開され、1941年には小学校が[54]に改められ、皇国民錬成がめざされた。

⑨日本の敗戦後、1945年10月にGHQは、幣原喜重郎首相に五大改革指令を発し、軍国主義的な教員の追放からはじまって、同年12月には[55]・日本歴史・地理の授業を一時禁止し、のちにこれらにかわって社会科が設置された。

⑩1946年のアメリカ教育使節団の勧告を受けて、翌年に[56]を制定し、教育の機会均等・男女共学・義務教育[57]年制などを定めた。同時に制定された[58]では、６・３・３・４の新学制が発足した。

⑪1948年には、都道府県・市町村に公選による[59]が設けられた。しかし、これは1956年に改正されて、地方自治体の首長による[60]に切りかえられた。

Summary 芸能・演劇史

① 演劇の歴史

Point 能は室町期、浄瑠璃は元禄期に注目する。歌舞伎は、俳優・脚本などに注意して流れをおさえる。また、近代演劇は新劇の流れを知る。

1 能

飛鳥 奈良	楽舞(例：伎楽・林邑楽)の大陸からの流入→雅楽(宮廷音楽)へ発展 散楽(例：曲芸・物真似・奇術)の大陸からの流入→猿楽へ発展
院政期	**猿楽**(雅楽・神楽の余興)・**田楽**(農耕に際する庶民芸能)の発達 歌謡の流行…**今様**(後白河上皇撰『**梁塵秘抄**』)、催馬楽
室町	**能**の成立(北山文化)…猿楽・田楽が猿楽能・田楽能に発展 　大和猿楽四座：金春・金剛・観世・宝生座　脚本：謡曲　幕間：**狂言** 能の大成…**観阿弥**・**世阿弥**(『**風姿花伝**(**花伝書**)』『申楽談儀』) 庶民芸能の流行…歌謡の一般化：**小歌**(『**閑吟集**』) 　舞・踊り：曲舞→幸若舞、風流＋念仏踊り→**盆踊り**の定着
桃山	小歌節…高三隆達の**隆達節**

2 浄瑠璃

室町	古浄瑠璃のはじまり…『浄瑠璃姫物語』
桃山	浄瑠璃節の発展 　三味線の伴奏＋操り人形 　→**人形浄瑠璃**の流行
元禄	人形浄瑠璃の確立 **義太夫節**：**竹本義太夫**が創始 脚本：**近松門左衛門** 　〔**時代物**〕『国性(姓)爺合戦』 　〔**世話物**〕『曽根崎心中』『心中天網島』 　　『冥途の飛脚』 人形遣い：辰松八郎兵衛
宝暦・天明	人形浄瑠璃の発展と派生 脚本：**竹田出雲**(2世)『仮名手本忠臣蔵』『菅原伝授手習鑑』、近松半二『本朝廿四孝』 唄浄瑠璃(座敷浄瑠璃)への移行 　一中節・常磐津節・清元節

3 歌舞伎

桃山	**阿国歌舞伎**…出雲お国(阿国)のかぶき踊り
寛永・元禄	歌舞伎の変遷 　女歌舞伎→若衆歌舞伎→野郎歌舞伎 歌舞伎の隆盛 　**荒事**：**初代市川団十郎**(江戸) 　**和事**：**坂田藤十郎**(上方) 　女形：芳沢あやめ(上方)
宝暦・天明	**芝居小屋**の発達…回り舞台・せり上り・ 　桟敷席・花道の設置 　→江戸三座(中村・市村・森田〈守田〉座)
化政・幕末	脚本： 　〔生世話物〕**鶴屋南北**『東海道四谷怪談』 　〔白浪物〕河竹黙阿弥『三人吉三廓初買』 俳優：7代目市川団十郎
明治	演劇改良運動の展開 脚本：河竹黙阿弥の散切物・活歴物 　　坪内逍遙『桐一葉』(新史劇) 俳優：「**団菊左時代**」(9代目市川団十郎・ 　5代目尾上菊五郎・初代市川左団次) 劇場：歌舞伎座の創設

4 近代演劇

	新派劇	新劇	他
明治・大正	写実的で大衆的な現代劇 起源…壮士芝居(書生芝居) (例)川上音二郎のオッペケペー節 →自由民権運動と関連	西洋近代演劇を摂取 1期 **文芸協会**…坪内逍遙・島村抱月が創設 **自由劇場**…小山内薫・2代目市川左団次が創設 2期 芸術座…島村抱月・松井須磨子らが創設 →新国劇(沢田正二郎らの大衆演劇)の派生 **築地小劇場**…小山内薫・土方与志らが創設	宝塚少女歌劇

2 書道・茶道・花道・香道の歴史

Point **書道は唐風の三筆、和様の三跡を中心に覚える。茶道は侘茶の村田珠光・武野紹鷗・千利休の流れを理解する。**

1 書道

弘仁・貞観	唐風の発達…**三筆**の出現 嵯峨天皇、橘逸勢、空海(**『風信帖』**、書風は大師流)
国風	**和様**の発達…**三跡**(蹟)の出現 小野道風『屏風土代』 藤原佐理『離洛帖』 藤原行成『白氏詩巻』
鎌倉・室町	世尊寺流…藤原行成の末流 **青蓮院流**…尊円入道親王(『鷹巣帖』) →御家流へ発展
江戸	御家流…青蓮院流から発展

2 茶道

鎌倉	喫茶の流行…栄西が中国からもたらし、『喫茶養生記』を著す
室町	[南北朝の動乱期]**闘茶**(茶の味を飲み分けて勝負を争う)や**茶寄合**の開催 [室町文化の展開期]**侘茶**の創出…茶と禅の融合、書院の茶ではなく草庵の茶をさす **村田珠光**が創始→**武野紹鷗**に継承
桃山	**茶道**の大成…**千利休**により、草庵の茶室・侘茶が大成 茶人：千利休・織田有楽斎・小堀遠州・古田織部・今井宗久・津田宗及 茶室：**妙喜庵茶室**(待庵)〔千利休〕・如庵〔織田有楽斎〕 秀吉による受容 北野大茶湯の開催(1587) 黄金の茶室の建築

3 花道

室町	供花(仏前に供える花)の日常化 **花道**(生花)の成立…立花様式の確立 名人：立阿弥、池坊専慶(京都頂法寺の僧)
桃山	立花の大成…池坊専応→池坊専好

4 香道

平安	薫物や空薫物が起源→薫物合
鎌倉	香木をたく風習の一般化
室町	聞香のための香寄合の盛行

Speed Check! 芸能・演劇史

❶ 演劇の歴史

図1

図2

図3

☐ ①図1は、612年に百済の味摩之(みまし)が伝えた〔1　〕で用いられた面である。このほか、奈良時代になると、曲芸・物真似などの〔2　〕も唐から伝来し、のち〔3　〕に発展した。

☐ ②院政期になると、図2にある〔4　〕も発達した。また、〔5　〕と呼ばれる民間歌謡も流行し、それを集めた『梁塵秘抄』を〔6　〕が編んだ。

☐ ③室町時代になると、能が発達した。特に〔7　〕・金剛・観世・宝生座は大和猿楽四座と呼ばれ、その中心であった。

☐ ④〔8　〕・世阿弥の出現により、図3にある観世能が発展した。特に世阿弥は、能の芸術論である『〔9　〕』を著し、能を大成したほか、能の脚本である〔10　〕も数多く書いた。

☐ ⑤能の幕間には、風刺性の強い喜劇である〔11　〕が演じられた。

☐ ⑥桃山文化において、古浄瑠璃は〔12　〕の伴奏と操り人形とが結合して、〔13　〕へと発展した。

図4
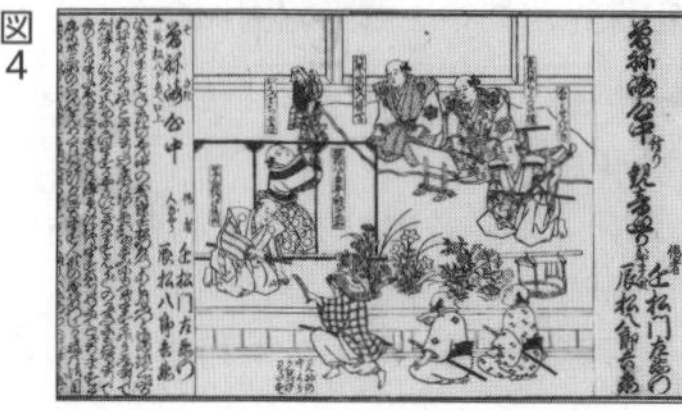

図5

図6

☐ ⑦元禄文化において、義太夫節を創始した〔14　〕の出現は人形浄瑠璃を確立させた。図4は、近松門左衛門の最初の〔15　〕の作品である、徳兵衛とお初の心中をあつかった『〔16　〕』が上演されているところで、人形遣いは名手〔17　〕である。

☐ ⑧18世紀前半、近松門左衛門の指導を受けた〔18　〕は、『仮名手本忠臣蔵』などのすぐれた作品を残し、近松の養子〔19　〕は『本朝廿四孝』を著した。しかし、浄瑠璃は歌舞伎に圧倒されるようになり、常磐津節などのように座敷でうたわれる〔20　〕に移った。

☐ ⑨歌舞伎は、図5にある〔21　〕のかぶき踊りからはじまった。江戸時代に入り、女歌舞伎や〔22　〕が禁止となったため、17世紀半ばから野郎歌舞伎となった。

☐ ⑩図6の人物は、上方歌舞伎で活躍した〔23　〕で、勇壮活発な立廻りをする〔24　〕とは違い、和事を得意とした。

図7

図8

□ ⑪図7は、〔25 〕の劇場内部の図である。〔25 〕は市村座・森田座とともに江戸三座と呼ばれ、歌舞伎の繁栄に寄与した。その後、『東海道四谷怪談』を書いた〔26 〕の生世話物、盗賊を主人公にした河竹黙阿弥の〔27 〕が人気を高めた。

□ ⑫明治中期の3人の人気俳優による歌舞伎全盛時代は、「〔28 〕」と呼ばれた。

□ ⑬明治期の演劇は、オッペケペー節の〔29 〕らの壮士芝居を起源とする〔30 〕と新劇とに分かれる。図8は、坪内逍遙・〔31 〕が創設した文芸協会が上演した翻訳劇『人形の家』の場面で、主役を演じた〔32 〕は大スターとなった。

□ ⑭文芸協会に対抗して自由劇場をおこした〔33 〕は、1924年に新劇運動の拠点として、〔34 〕を土方与志とともに創設した。

2 書道・茶道・花道・香道の歴史

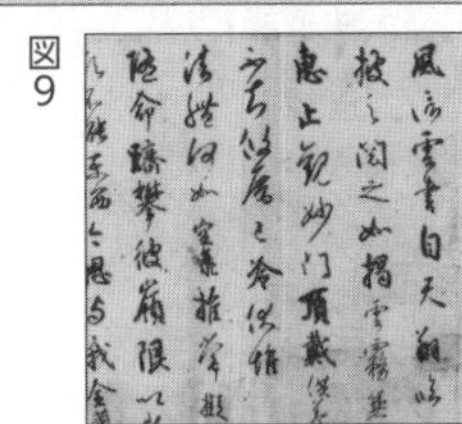

図9

図10

図11

□ ①図9は空海が最澄へ書いた手紙『〔35 〕』の冒頭である。弘仁・貞観期にはこの空海と嵯峨天皇・〔36 〕の三筆と呼ばれる書の名人が出現し、〔37 〕の書道が発達した。

□ ②国風文化の書道では和様が発達し、〔38 〕・藤原佐理・藤原行成の〔39 〕と呼ばれる名人が出現した。特に佐理の手紙『〔40 〕』は有名である。

□ ③鎌倉時代に入ると、和様をもとに〔41 〕によって〔42 〕流が創始された。これは、江戸時代の御家流に受け継がれていった。

□ ④鎌倉時代、〔43 〕がもたらし流行した喫茶は、室町時代に茶の湯として成立した。南北朝の動乱期には茶寄合や、茶の異同を飲み分けてかけ物を争う〔44 〕も流行した。

□ ⑤室町時代後期には〔45 〕により茶室で心の静けさを求めた〔46 〕が創出された。〔46 〕は〔47 〕が引き継ぎ、千利休が桃山文化において大成させた。図10は、利休がつくったとされる茶室〔48 〕である。このほか、織田信長の弟〔49 〕が設けた如庵などが、有名な茶室建築の遺構である。

□ ⑥1587年に豊臣秀吉は千利休らを中心に〔50 〕を開き、民衆を数多く参加させた。

□ ⑦生花は、図11のように座敷の床の間に飾る〔51 〕様式が室町時代に定まり、花道の基礎がつくられた。特に京都頂法寺の〔52 〕は、〔51 〕の名手として知られた。

Summary 宗教史 I

① 古代の仏教

Point 仏教の伝来と推古朝での興隆、奈良・平安時代の国家仏教と密教、浄土教に着目する。

1 仏教の伝来と興隆

伝来	百済の聖明王(聖王、明王)が欽明天皇に仏像・経論を伝える 552年説…『日本書紀』、538年説…『上宮聖徳法王帝説』→有力	
興隆	崇仏論争 { 崇仏派…蘇我氏(大臣・蘇我稲目→馬子) 排仏派…物部氏(大連・物部尾輿→守屋)→滅亡(587)	
	推古朝…蘇我馬子・厩戸王(聖徳太子)の仏教保護政策で発展	
	政策	三宝(仏教)興隆の詔(594) 憲法十七条(604)…「篤く三宝を敬へ」(三宝＝仏・法・僧＝仏教)
	氏寺	蘇我氏(蘇我馬子)…**飛鳥寺**(法興寺) 厩戸王(聖徳太子)…**四天王寺・法隆寺(斑鳩寺)** 舒明天皇…百済大寺(後の大官大寺→大安寺) } 前方後円墳にかわる豪族の権威の象徴

2 奈良・平安時代の仏教

奈良	国家仏教	**鎮護国家**の思想(護国の経典：金光明経・仁王経・法華経) 政府の保護(特権付与)と統制(僧尼令による私度の禁止など)
	南都六宗	三論宗・成実宗・法相宗(義淵・道慈・行基、興福寺)・倶舎宗・華厳宗(良弁、東大寺)・律宗(**鑑真**、唐招提寺)
	南都七大寺	大安寺・薬師寺・法隆寺・東大寺・元興寺・興福寺・西大寺
	天下(本朝)三戒壇	東大寺・筑紫観世音寺・下野薬師寺…正式な僧侶資格を付与
	社会事業	**行基**…民間布教、道路修築・架橋など
	聖武天皇の仏教政治	**国分寺建立の詔**(741)…国分寺(金光明四天王護国之寺) 国分尼寺(法華滅罪之寺) **大仏造立の詔**(743)…盧舎那仏をつくる、東大寺で開眼供養会(752)

平安	弘仁・貞観	**密教**…顕教(経典研究重視)に対し、加持祈禱・現世利益を重視						
		天台宗(台密)	開祖	**最澄**(伝教大師) 主著『顕戒論』	寺院	比叡山**延暦寺**	分裂	**山門派(円仁**、延暦寺) **寺門派(円珍**、園城寺)
		真言宗(東密)	開祖	**空海**(弘法大師) 主著『三教指帰』	寺院	高野山**金剛峯寺** **教王護国寺**(東寺)		
	国風文化	**浄土教**	阿弥陀仏への信仰、極楽浄土への往生を願う→念仏(南無阿弥陀仏) **末法思想**…正法→像法→末法(永承7・1052年～) 布教…**空也**(市聖、六波羅蜜寺に木像)、**源信**(恵心僧都)『往生要集』 往生伝…慶滋保胤『日本往生極楽記』、三善為康『拾遺往生伝』					
		神仏習合	神社に神宮寺を建立、寺院に鎮守を祀る **本地垂迹説**…神は仏の仮の姿(権現)、神々に本地仏を設定					

② 中世の仏教

Point 鎌倉仏教は創始時期、開祖と主著、中心寺院、教えを関連付ける。旧仏教の自己改革の動きも重要。室町時代には、臨済宗が室町幕府と深くつながった一方、鎌倉仏教各派の教団組織化が進む。宗派ごとの布教活動を把握しよう。

<table>
<tr><th colspan="4">時期</th><th>宗派</th><th>開祖と主著</th><th>中心寺院</th><th>教え</th></tr>
<tr><td rowspan="7">鎌倉</td><td rowspan="6">新仏教(選択・専修・易行)</td><td rowspan="2">12世紀</td><td rowspan="2">末</td><td>浄土宗</td><td>法然『選択本願念仏集』</td><td>知恩院</td><td>専修念仏(南無阿弥陀仏)</td></tr>
<tr><td>臨済宗</td><td>栄西『興禅護国論』</td><td>建仁寺</td><td>禅宗(坐禅)、公案問答</td></tr>
<tr><td rowspan="4">13世紀</td><td rowspan="2">前半</td><td>浄土真宗</td><td>親鸞『教行信証』</td><td>本願寺</td><td>悪人正機(唯円『歎異抄』)</td></tr>
<tr><td>曹洞宗</td><td>道元『正法眼蔵』</td><td>永平寺</td><td>禅宗(坐禅)、只管打坐</td></tr>
<tr><td>中頃</td><td>日蓮宗</td><td>日蓮『立正安国論』</td><td>久遠寺</td><td>題目(南無妙法蓮華経)</td></tr>
<tr><td>後半</td><td>時宗</td><td>一遍『一遍上人語録』</td><td>清浄光寺</td><td>踊念仏(遊行による布教)</td></tr>
<tr><td>旧仏教</td><td colspan="4">法相宗…貞慶
華厳宗…明恵(高弁)
律宗…叡尊・忍性(北山十八間戸)</td><td colspan="2">新仏教に対抗(戒律重視)
禅律僧の活動</td></tr>
<tr><td rowspan="4">室町</td><td rowspan="2">臨済宗</td><td colspan="6">南北朝期…夢窓疎石の活動、五山・十刹の制(僧録が五山を管理)
南禅寺…五山の上
京都五山…天龍寺・相国寺・建仁寺・東福寺・万寿寺
鎌倉五山…建長寺(蘭溪道隆)・円覚寺(無学祖元)・寿福寺・浄智寺・浄妙寺</td></tr>
<tr><td colspan="6">室町後期…五山の衰退と林下の台頭
臨済系：大徳寺(一休宗純)・妙心寺、曹洞系：永平寺・総持寺</td></tr>
<tr><td>浄土真宗(一向宗)</td><td colspan="6">蓮如(兼寿)…講の結成と御文による布教で門徒(信者)を組織化
拠点…越前吉崎道場、山科本願寺、摂津石山本願寺</td></tr>
<tr><td>日蓮宗</td><td colspan="6">日親(『立正治国論』)、法華一揆(天文法華の乱で弾圧)</td></tr>
</table>

③ 近世・近代の仏教

Point 織田信長が政治権力化した仏教勢力を弾圧したが、江戸時代には幕藩体制を支える行政の末端機関と化した。明治期の廃仏毀釈からの立ち直りにも注目。

<table>
<tr><td>織豊</td><td>織田信長…延暦寺焼討ち(1571)、石山合戦(石山本願寺攻め、1570～80)
一向一揆の鎮圧(伊勢長島・越前など)</td></tr>
<tr><td>江戸</td><td>寺社行政…以心崇伝が統轄→寺社奉行による支配
法令：寺院法度→諸宗寺院法度(1665)
本末制度：本山・末寺の組織化
寺請制度：寺檀制度(各家で檀那寺をもつ)、寺は檀徒を所属させ寺請証文を発行
宗門改め：禁教目的の信仰調査、宗門改帳に登録
宗派…日蓮宗不受不施派を弾圧、黄檗宗の伝来(隠元隆琦、万福寺・崇福寺)</td></tr>
<tr><td>明治</td><td>神仏分離令(1868)…神仏習合の禁止→各地で廃仏毀釈の運動
仏教の近代化…島地黙雷(信教自由の主張)、井上円了(哲学としての仏教を研究)</td></tr>
</table>

Speed Check! 宗教史Ⅰ

❶ 古代の仏教

図1

図2

図3

☐ ①仏教は６世紀に百済の〔1　〕から仏像や経論が伝えられた。伝来の時期は、『〔2　〕』によれば538年、『〔3　〕』によれば552年だが、前者が有力視されている。

☐ ②蘇我馬子は、一族が帰依する蘇我氏の〔4　〕として〔5　〕を建立した。その旧跡の安居院に現存する仏像が図１である。

☐ ③推古朝では、厩戸王(聖徳太子)が仏教の振興をはかり、摂津に〔6　〕を、大和に〔7　〕を建立した。図２は後者の金堂の本尊で、厩戸王の冥福を祈ってつくられた。

☐ ④奈良時代には、南都六宗と呼ばれる宗派が成立して教理を研究した。そのうち、法相宗の中心寺院は〔8　〕である。華厳宗の僧侶〔9　〕は東大寺建立に貢献した。図３は律宗をもたらした僧侶〔10　〕を表した彫刻である。

☐ ⑤奈良仏教は〔11　〕の思想のもと、国家仏教として発展した。聖武天皇は741年に詔を発して各国に国分寺と国分尼寺を建立させ、正式名称をそれぞれ〔12　〕・〔13　〕とした。743年には〔14　〕を発し、盧舎那仏が造立された。

☐ ⑥平安時代初期、〔15　〕が天台宗を開き、平安京の北東にある〔16　〕に修行の場として〔17　〕を建立した。のちに密教化が進む中で天台宗は分裂し、〔18　〕がはじめた山門派と〔19　〕を拠点として〔20　〕がはじめた寺門派が対立した。

☐ ⑦空海は804年に入唐して密教を学び、帰国後に〔21　〕を開いた。空海は嵯峨天皇から修行の場として〔22　〕を賜った。〔21　〕の密教を〔23　〕と呼ぶ。

☐ ⑧神秘的な密教芸術が発展し、仏の世界を図像で表現した〔24　〕が多く描かれた。

☐ ⑨平安時代中期に〔25　〕思想を背景に広まった浄土教の教えは、『〔26　〕』を著した源信や、〔27　〕が所蔵する彫像で有名な「市聖」と呼ばれた〔28　〕らが布教した。〔29　〕が著した『日本往生極楽記』は、往生伝の代表作である。

❷ 中世の仏教

☐ ①図４は、時宗を開いた〔30　〕と弟子たちによる〔31　〕を描いたものである。この時期には、悪人正機を説いた〔32　〕の浄土真宗や、『〔33　〕』を著した日蓮の日蓮宗が広まった。

☐ ②鎌倉新仏教に刺激されて、旧仏教側も新たな動きをみせた。〔34　〕宗の明恵、律宗の〔35　〕や〔36　〕を建てた忍性らが活躍した。

図4

図5

図6

☐ ③図5は、〔37　〕を開祖とする臨済宗において坐禅を行なう際に与えられる問題である〔38　〕を題材とした禅機画である。禅宗には、ひたすら禅をおさめる〔39　〕を根本的な教えとする曹洞宗もある。この宗派は『〔40　〕』を著した道元が開いた。

☐ ④臨済宗は、南北朝時代に〔41　〕が将軍足利尊氏の帰依を受けて政治との関係を深め、室町時代には京都と鎌倉に五山がおかれた。室町時代後期に幕府の権力がおとろえると、五山派にかわって自由な活動をしてきた大徳寺などの〔42　〕が勢力をのばした。

☐ ⑤図6は、鎌倉時代に導入された建築様式によって建てられたもので、〔43　〕が開いた鎌倉の〔44　〕にある。〔45　〕が開いた〔46　〕とともに、鎌倉五山を代表する寺である。

図7

図8

☐ ⑥図7に描かれているのは越前の〔47　〕で、室町時代後期に成立した。このように寺院境内に町がつくられて一体化した都市を〔48　〕という。

☐ ⑦浄土真宗は、蓮如がしるした書状形式の〔49　〕を通じた布教で広まった。その門徒が力をもった地域では、1世紀にわたる自治が行なわれた〔50　〕のような例もある。日蓮宗も京都で一揆を結んだが、1536年の〔51　〕で延暦寺の攻撃を受けた。

3 近世・近代の仏教

☐ ①1654年に来日した〔52　〕は禅宗の一派である〔53　〕を伝えた。図8はその本山である〔54　〕の本堂で、中国式建築の要素が強く表れている。

☐ ②1665年、江戸幕府は仏教寺院の僧侶全体を統制するために〔55　〕を定めた。さらに、寺院は将軍直属の〔56　〕によって行政・司法面での支配を受けた。日蓮宗〔57　〕のように、統治の妨げになるとして弾圧された宗派もあった。

Summary 宗教史Ⅱ

① 神道の歴史

Point 古代・中世の神仏習合、近世の国学との関わり、近代の神道による国民教化策と教派神道を中心に整理する。

古墳	自然神や祖先神(氏神)の信仰 農耕祭祀…**祈年の祭り**(豊穣祈願)、**新嘗の祭り**(収穫感謝) 祭祀遺跡…大神神社(奈良県三輪山)、宗像大社沖津宮(福岡県沖ノ島) 神社の造営…伊勢神宮(天照大神)、出雲大社(大国主神)、住吉大社(海神) 風習…**禊**、**祓**、**太占の法**、**盟神探湯**
奈良	**神仏習合**の成立…中国の影響 (例)八幡神が東大寺の守護神として宇佐からむかえられる
平安	神仏習合の広まり 神宮寺(神社境内)、神前読経、神像(薬師寺僧形八幡神像など) **本地垂迹説**の発生…神は仏(本地仏)の仮の姿(権現)
鎌倉	**神本仏迹説**(反本地垂迹説)の発生 **伊勢神道**…**度会家行**(『類聚神祇本源』)により南北朝期までに大成
室町	**唯一神道**…**吉田兼倶**が反本地垂迹説(神本仏迹説)にもとづき創始 神道・儒教・仏教を統合し、神道を根本的存在とする
江戸	神社の統制…寺社奉行の設置、**諸社禰宜神主法度**(1665、吉田家が本所となる) 多様な神道説…吉川神道：吉川惟足が創始、仏教色を排除して朱子学との融合重視 **垂加神道**：**山崎闇斎**(崎門学)が創始、唯一神道と朱子学の融合 **復古神道**：**平田篤胤**が創始、儒教・仏教伝来前の古道への復帰 集団参詣…**御蔭参り**(伊勢神宮へ)、**「ええじゃないか」**(1867) **教派神道**…江戸時代後期～幕末に成立(のち明治政府が公認)、特定の神を崇拝 (例)天理教(中山みき)、金光教(川手文治郎)、黒住教(黒住宗忠)
明治	祭政一致の方針…国学者や神道家を登用 **神仏分離令**(1868)：神仏習合の禁止(復古神道の影響)→**廃仏毀釈**の風潮 神道による国民教化…西洋のキリスト教に匹敵する国民思想をめざすが挫折 宣教使を派遣(1869)：神職による布教活動 **大教宣布の詔**(1870)：神道中心の国家をめざす 大教院(1872～75)：神儒仏合同布教→失敗 キリスト教解禁(1873)で意義を失う 神社への国家の保護と統制…「国家神道」 社格制度(1871)：官社(官幣社・国幣社)と諸社 神社合祀令(1906)：中小神社を併合 招魂社(1869)→靖国神社(1879、戦没者を祀る) ［神社行政…神祇官(1868～71) 神祇省(1871～72) 教部省(1872～77) →内務省に吸収］
昭和	占領下の神道 神道指令(1945)…国家神道の禁止(国家と神道の分離) 新日本建設に関する詔書(1946)…天皇の人間宣言(神格性の否定)

2 キリスト教の歴史

Point 近世ではキリスト教の伝来と主な宣教師の活動、禁教にいたる過程と信者の摘発方法を整理する。近代では禁教政策の撤廃、日本人信者の活動を把握する。

<table>
<tr><td>織豊</td><td colspan="2">伝来：フランシスコ＝ザビエル(イエズス会〈耶蘇会〉)…鹿児島に来航(1549)
宣教師：ガスパル＝ヴィレラ(『耶蘇会士日本通信』)…堺をヴェネツィアにたとえる
ルイス＝フロイス(『日本史』)…織田信長・豊臣秀吉に接近
キリシタン大名…大友義鎮(宗麟)・大村純忠・有馬晴信ら
天正遣欧使節(1582～90)…ヴァリニャーノ(活版印刷機を伝える)の提唱
伊東マンショ・千々石ミゲルら４人、ローマ教皇に謁見
布教施設…セミナリオ(神学校)、コレジオ(宣教師養成学校)、南蛮寺(教会堂)
バテレン追放令(1587)…背景：大村純忠がイエズス会に長崎を寄進
豊臣秀吉が宣教師に国外退去を命じる、大名の信仰は許可制
サン＝フェリペ号事件〔土佐〕(1596)→26聖人殉教〔長崎〕</td></tr>
<tr><td>江戸</td><td>禁教令…幕領(1612)→全国(1613)
宣教師・高山右近らの国外追放(1614)
元和の大殉教〔長崎〕(1622)
島原の乱(1637～38)
益田(天草四郎)時貞らキリシタン一揆</td><td>禁教の徹底…潜伏(隠れ)キリシタンの摘発
絵踏：踏絵を踏ませ信者を摘発
寺請制度：一家は必ず檀那寺の檀家となり、寺請証文を受ける
宗門改め：宗門改帳への登録</td></tr>
<tr><td rowspan="2">明治</td><td colspan="2">五榜の掲示(1868)…キリスト教を邪宗門として従来通り禁止
浦上教徒弾圧事件(1868)…大浦天主堂落成時に信者の存在が発覚、流罪に
→欧米諸国の抗議を受け、キリスト教禁止の高札撤廃(1873)
潜伏キリシタン(カトリック信仰に復帰)、隠れキリシタン(従来の信仰を維持)</td></tr>
<tr><td colspan="2">宣教師の来日…ヘボン(『和英語林集成』)、フルベッキ
信徒集団(バンド)の結成
札幌バンド：札幌農学校・クラークの影響、内村鑑三・新渡戸稲造らを輩出
熊本バンド：熊本洋学校・ジェーンズの影響、海老名弾正らが活動
横浜バンド：日本基督公会設立、ブラウンの神学塾、植村正久らを輩出
内村鑑三不敬事件(1891)、ミッション＝スクールの設立</td></tr>
</table>

3 民間信仰

Point 古代は貴族社会を中心に広まった信仰や習俗を整理する。近世は庶民社会の中で広まり娯楽的な色彩を帯びた信仰行事を理解しよう。

<table>
<tr><td>平安</td><td>修験道…山伏(修験者)に代表される山岳信仰と密教との融合
院政期には熊野詣(熊野三社)・高野詣(金剛峯寺)、鎌倉期には民衆化
御霊信仰…政治的事件の犠牲者の怨霊を鎮める(早良親王・平将門・崇徳天皇など)
御霊会の開催：祇園社(八坂神社)、北野天満宮(天神信仰＝菅原道真)
陰陽道…陰陽五行説にもとづく禁忌、物忌・方違</td></tr>
<tr><td>室町</td><td>様々な民間信仰…地蔵信仰・観音信仰・七福神信仰</td></tr>
<tr><td>江戸</td><td>寺社参詣…伊勢神宮・信濃善光寺・讃岐金毘羅宮　巡礼…四国八十八カ所
講…日待・月待・庚申講　年中行事…五節句・彼岸会・盂蘭盆会</td></tr>
</table>

Speed Check! 宗教史Ⅱ

❶ 神道の歴史

図1

図2

☐ ①図1は玄界灘の孤島[1　]で、[2　]の沖津宮がおかれ、古墳時代から平安時代に国家による祭祀が行なわれた。

☐ ②律令国家は天照大神を皇祖神と位置づけ、これを祀る[3　]を崇敬した。

☐ ③奈良時代にはじまった[4　]は平安時代に広まり、神社境内への[5　]の建立や神前読経などが行なわれた。図2は[4　]のあらわれの一つで、薬師寺に伝わる[6　]である。

☐ ④平安時代中期には、神は仏の仮の姿であるとする[7　]が発生した。

☐ ⑤鎌倉時代には、神を主、仏を従とする[8　]が唱えられた。伊勢外宮の神官[9　]が伊勢神道を開き、その教理の根拠となる『[10　]』を著した。室町時代に入ると、京都の[11　]がこの立場から唯一神道を確立した。

☐ ⑥江戸幕府は1665年には[12　]を定めて神職の行動を統制した。

☐ ⑦江戸時代には、儒教と神道との融合がみられ、[13　]は吉川神道を創始した。さらに、[14　]が伊勢神道・唯一神道を土台として道徳性を強めた垂加神道をはじめた。

図3

図4

☐ ⑧江戸時代には、[15　]と呼ばれる伊勢神宮への集団参拝が周期的に流行した。図3はその幕末の様子を描いたものである。讃岐の[16　]も多くの参拝客を集めた。

☐ ⑨江戸時代後期から幕末期には、国学者の[17　]がはじめた[18　]が広まり、尊王攘夷運動にも大きな影響を与えた。

☐ ⑩江戸時代後期の社会不安を背景として、[19　]が天理教を、川手文治郎が[20　]を創始した。これらは明治時代以降に[21　]と呼ばれるようになった。

☐ ⑪神道による国民教化や祭政一致を打ち出した明治政府は、1868年に[22　]を発して神仏習合を禁じた。その結果、図4のような[23　]の運動が各地で発生した。

❷ キリスト教の歴史

図5

図6

図7

□ ①キリスト教は1549年、〔24　〕会の宣教師〔25　〕が鹿児島に来航して伝わった。〔26　〕と呼ばれた図5の教会堂や、宣教師養成学校の〔27　〕などを設け、布教活動を行なった。

□ ②キリスト教に入信した〔28　〕の一人である豊後の〔29　〕は図6のローマ字印章をつかった。1582年に宣教師〔30　〕の勧めにより〔31　〕と呼ばれる少年使節をローマに派遣した。

□ ③豊臣秀吉は1587年に〔32　〕を発して宣教師の国外退去を命じた。1596年の〔33　〕に関連して、長崎で宣教師や信者が処刑される〔34　〕がおきた。

□ ④江戸幕府は、1614年に前明石城主の〔35　〕をマニラに追放した。1622年には長崎で多くの信者や宣教師が処刑される〔36　〕がおきた。また、キリスト教徒摘発のために図7の〔37　〕も行なわれた。

□ ⑤キリスト教禁圧のため、住民すべてを地域の寺院の檀徒とし、〔38　〕という信仰調査に基づいて、檀那寺に身元を証明する〔39　〕を発行させた。

図8

図9

図10

□ ⑥長崎にある図8の大浦天主堂落成時にキリシタンの存在が発覚したことから、明治政府による〔40　〕がおきた。欧米諸国の抗議がおこり、1873年に禁教の高札は撤廃された。

□ ⑦のちに国際連盟事務次長となる図9の〔41　〕は、札幌農学校でクラークのキリスト教主義教育に影響を受けた。熊本では、熊本洋学校の〔42　〕の影響を受け、のちに同志社総長となる〔43　〕らが熊本バンドを結成した。

❸ 民間信仰

□ ①平安時代には、物忌や方違など〔44　〕の影響を受けた禁忌が貴族の間に広まった。

□ ②山岳信仰と密教の融合で成立した〔45　〕は、中世には民衆にも信仰が広まった。

□ ③江戸時代には、招福除災のために特定の日の夜に眠らずに過ごす集まりである〔46　〕が行なわれ、供養塔として図10の〔47　〕が各地に建てられた。ほかにも特定の月齢日に集まって月の出を拝む〔48　〕など、多くの民間信仰が存在した。

Summary 美術史Ⅰ（絵画・彫刻）

① 古代〜中世の絵画・彫刻史

Point 中世までは、仏教を中心に展開した各時代の特徴的な彫刻の技法や、絵画表現を理解する。

〔　〕内は作者

時代	特徴	作品
飛鳥	北魏様式ほか、 南北朝の影響	彫刻　**金銅像**　法隆寺金堂釈迦三尊像〔**鞍作鳥**(くらつくりのとり)〕、飛鳥寺釈迦如来像 　　　**木　像**　法隆寺百済観音像、法隆寺夢殿救世観音像 　　　　　　　中宮寺半跏思惟像、広隆寺半跏思惟像 絵画　法隆寺玉虫厨子須弥座絵・扉絵(密陀絵)
白鳳	写実的 初唐の影響	彫刻　金銅像　興福寺仏頭(旧山田寺薬師三尊の中尊) 　　　　　　　薬師寺金堂薬師三尊像、薬師寺東院堂聖観世音菩薩像 絵画　法隆寺金堂壁画、高松塚古墳壁画
天平	人間的 豊麗 盛唐の影響	彫刻　**塑　像**(そ ぞう)　東大寺日光・月光菩薩像、東大寺法華堂執金剛神像 　　　　　　　東大寺戒壇堂四天王像、新薬師寺十二神将像 　　　**乾漆像**(かんしつぞう)　興福寺八部衆像、東大寺法華堂不空羂索観音像 　　　　　　　興福寺十大弟子像、唐招提寺鑑真和上像 絵画　薬師寺吉祥天像、正倉院鳥毛立女屏風、過去現在絵因果経
弘仁 貞観	神秘的 密教の隆盛	彫刻　**一木造**(いちぼく)・翻波式　元興寺薬師如来像、神護寺薬師如来像 　　　室生寺釈迦如来坐像、観心寺如意輪観音像 　　　法華寺十一面観音像、薬師寺僧形八幡神像 絵画　神護寺両界曼荼羅、園城寺不動明王像(黄不動)
国風 院政期	大陸文化を踏まえた日本化 優美 浄土教の発達	彫刻　**寄木造**(よせぎ)・和様(**定朝**(じょうちょう)が大成)　平等院鳳凰堂阿弥陀如来像 絵画　**来迎図**(らいごうず)(阿弥陀聖衆来迎図〈高野山〉)、平等院鳳凰堂扉絵 　　　**大和絵**(やまとえ)(唐絵に対して日本的画題)→※絵巻物の発達 　　　装飾経　『扇面古写経』、『平家納経』(厳島神社)
鎌倉	剛健 宋・元の影響	彫刻　寄木造・玉眼使用(奈良仏師慶派)　東大寺重源上人像 　　　東大寺南大門金剛力士像、興福寺無著像・世親像 　　　六波羅蜜寺空也上人像、興福寺天灯鬼像・龍灯鬼像 絵画　**似絵**(にせえ)　『伝源頼朝像』、『伝平重盛像』〔藤原隆信〕 　　　**頂相**(ちんぞう)(禅宗肖像)
室町	禅宗 枯淡	絵画　**水墨画**(すいぼくが)　明兆・如拙・周文→**雪舟**(せっしゅう)が日本的水墨画を大成 　　　　『瓢鮎図』〔如拙〕、『四季山水図巻』『秋冬山水図』〔雪舟〕 　　　大和絵　**土佐派**(とさ)→土佐光信、**狩野派**(かのう)→狩野正信・元信父子 　　　　『周茂叔愛蓮図』〔正信〕、『大徳寺大仙院花鳥図』〔元信〕

※絵巻物の発達…院政期は物語を、鎌倉期は寺社縁起・高僧伝を題材にしたものが多い

［院政期］　『源氏物語絵巻』、『伴大納言絵巻』(応天門の変が題材)、『信貴山縁起絵巻』、『鳥獣人物戯画』

［鎌倉期］　『平治物語絵巻』、『北野天神縁起絵巻』、『春日権現験記絵』〔高階隆兼〕、『石山寺縁起絵巻』、『一遍上人絵伝(一遍聖絵)』、『法然上人絵伝』、『蒙古襲来絵詞』(竹崎季長の活躍)、『男衾三郎絵巻』

❷ 近世～近代の絵画・彫刻史

Point 近世は浮世絵や装飾画など分野の広がりに着目。特に美術史は、近代以前は中国文化、近代以降では欧米文化の影響に注意する。

時代	特色	内容
桃　山	豪放華麗 仏教色の薄れ	**濃絵**(金箔地に青・緑の彩色)の**障壁画**(襖・壁・屏風) 『唐獅子図屏風』〔**狩野永徳**〕、『松鷹図』『牡丹図』〔**狩野山楽**〕 『松林図屏風』〔**長谷川等伯**〕『智積院襖絵楓図』〔伝長谷川等伯〕 『山水図屏風』〔**海北友松**〕 風俗画　『花下遊楽図屏風』〔狩野長信〕、南蛮屏風 仏像彫刻は衰退、立体的な**欄間彫刻**(透彫)が寺社や書院を飾る
江　戸 (元禄) (宝暦・天明) (化政)	伝統墨守 洗練された町人の文化 浮世絵の発展 近代への胎動	狩野派　**狩野探幽**…幕府御用絵師、『大徳寺方丈襖絵』 →久隅守景…庶民的画題、『夕顔棚納涼図屏風』 土佐派　**土佐光起**…朝廷絵師 住吉派　**住吉如慶・具慶**父子…幕府御用絵師、『洛中洛外図巻』〔具慶〕 装飾画　**俵屋宗達→尾形光琳(琳派)** 『風神雷神図屏風』〔宗達〕 『紅白梅図屏風』『燕子花図屏風』『八橋蒔絵螺鈿硯箱』〔光琳〕 **浮世絵**　**菱川師宣**…浮世絵の版画を創始 →**鈴木春信**…**錦絵**、多色刷浮世絵版画を創始 『見返り美人図』(肉筆)〔師宣〕、『弾琴美人』〔春信〕 美人画・役者絵・相撲絵：鈴木春信・**喜多川歌麿**・**東洲斎写楽** 風景画：『富嶽三十六景』〔**葛飾北斎**〕、『東海道五十三次』〔**歌川広重**〕 文人画　明・清の南画の影響 **池大雅**・与謝蕪村・田能村竹田・渡辺崋山・谷文晁 『十便十宜図』〔大雅・蕪村〕 写生画　円山派：**円山応挙**　四条派：**呉春**(松村月溪) 西洋画　**銅版画**や油絵の技術 **司馬江漢**・**亜欧堂田善**・小田野直武(秋田蘭画)

	日本画	西洋画	彫刻
明治	**フェノロサ・岡倉天心** →**日本美術院**の設立 『悲母観音』〔狩野芳崖〕 『龍虎図』〔橋本雅邦〕 『落葉』『黒き猫』〔菱田春草〕 『無我』〔横山大観〕	**明治美術会**(脂派)…**浅井忠** **白馬会**(外光派)…**黒田清輝** 『鮭』〔高橋由一〕 『春畝』『収穫』〔浅井忠〕 『読書』『湖畔』〔黒田清輝〕 『海の幸』〔青木繁〕	日本の伝統的な木彫 『老猿』〔**高村光雲**〕 『伎芸天』〔竹内久一〕 西洋の彫塑 『坑夫』『女』〔**荻原守衛**〕 『墓守』〔朝倉文夫〕
大正・昭和	『生々流転』〔**横山大観**〕 『大原御幸』〔下村観山〕 『黒船屋』〔竹久夢二〕 『あれ夕立に』〔竹内栖鳳〕	**二科会・春陽会**の創立 『紫禁城』〔**梅原龍三郎**〕 『金蓉』〔**安井曽太郎**〕 『麗子微笑』〔**岸田劉生**〕	『手』〔高村光太郎〕 『転生』〔平櫛田中〕

Speed Check! 美術史Ⅰ（絵画・彫刻）

❶ 古代～中世の絵画・彫刻史

図1

図2

図3

☐ ①飛鳥文化の代表的な彫刻は、北魏様式の金銅像で鞍作鳥作の法隆寺金堂[1]、木像では同じく法隆寺にある南朝(南梁)様式の[2]などがある。また、絵画では仏教説話を題材とした[3]の須弥座絵や扉絵がある。

☐ ②白鳳文化の代表的な彫刻は[4]で、もとは山田寺薬師三尊の中尊であり、この時代の雰囲気をよく伝えている。絵画では、1972年に発見された[5]が有名である。

☐ ③天平文化の彫刻は、粘土で造形した[6]と、漆で固めて造形した[7]があり、[6]では東大寺戒壇堂の[8]、[7]では図1の東大寺法華堂の[9]が代表作である。また、絵画では正倉院鳥毛立女屏風や薬師寺[10]が代表作で、大陸文化の強い影響を感じさせる。

☐ ④弘仁・貞観文化では、仏像彫刻に[11]や翻波式と呼ばれる新たな技法がうまれ、図2の[12]にはその特徴がよく出ている。また、絵画では、密教の影響から曼荼羅が発達し、[13]がもっとも古く代表的な作品とされている。

☐ ⑤平安時代中期には、浄土教に関係した美術作品がつくられた。藤原頼通が建立した平等院の本尊は、[14]が大成した仏像彫刻の技法[15]による阿弥陀如来像である。また、来迎図もさかんに描かれ、空海の開いた寺院にある[16]がその代表作である。

☐ ⑥平安時代の絵画では、それまでの唐絵に対して日本的風物を主題にした[17]がうまれ、巨勢金岡が祖とされる。また、院政期には、『平家納経』や『[18]』などの装飾経もつくられた。

☐ ⑦絵巻物の傑作もうまれ、院政期には紫式部の著した物語を題材にした『[19]』や応天門の変を描いた『[20]』、鎌倉期では『[21]』『[22]』『石山寺縁起絵巻』などの寺社縁起、高僧伝を題材とする時宗の『[23]』、浄土宗の『[24]』などがある。

☐ ⑧鎌倉時代には、天平彫刻の伝統を受け継いで、力強い写実性や豊かな人間味を基調とした奈良仏師の運慶・湛慶父子らの[25]が活躍し、図3の[26]などの作品を残した。また、似絵の名手[27]が源頼朝や平重盛と伝えられる肖像画を描いた。

☐ ⑨室町時代の絵画では、禅宗の影響から水墨画が発達し、明兆や如拙のあとに[28]が日本的水墨画を完成し、『秋冬山水図』や『[29]』などを残した。さらに[30]が水墨画の装飾画化を進め、伝統的な絵画の分野では土佐光信の土佐派がうまれた。

❷ 近世〜近代の絵画・彫刻史

図4

図5

図6

☐ ①桃山時代になると、城郭内部の襖や屛風などには、金箔地に青や緑を彩色する〔31　〕の障壁画が発達した。〔32　〕は、『唐獅子図屛風』などの作品を残した。また、ヨーロッパ文化との出会いから、その風俗を描いた〔33　〕が多数つくられた。

☐ ②江戸時代になると、狩野派では『大徳寺方丈襖絵』などを描いた〔34　〕が幕府御用絵師となった。また、土佐派では〔35　〕が朝廷絵師に、土佐派から分かれた住吉如慶・〔36　〕父子が幕府御用絵師となった。

☐ ③図4は、京都の〔37　〕が描いた『〔38　〕』で、土佐派の画法をもとに装飾画に新様式をうみ出し、元禄期に『紅白梅図屛風』などを残した〔39　〕の琳派の先駆けとなった。

☐ ④浮世絵は、元禄期に〔40　〕が浮世絵版画をはじめて、その後、鈴木春信が多色刷の〔41　〕を創始して活発となり、寛政期に美人画の〔42　〕、役者絵の〔43　〕が出た。化政期には、『富嶽三十六景』の〔44　〕、『東海道五十三次』の〔45　〕らが出た。

☐ ⑤中国の南画の影響を受けて学者や文人が余技に描く〔46　〕も発達し、池大雅と与謝蕪村の合作『〔47　〕』などの傑作がうまれ、ほかに田能村竹田・谷文晁らが活躍した。

☐ ⑥西洋画は、洋学の隆盛につれて発達し、平賀源内や亜欧堂田善らによって広まった。なかでも鈴木春信の門人であった〔48　〕は、源内に学んで銅版画を創始し、『〔49　〕』などの作品を残した。

☐ ⑦近代になると、日本の伝統的な絵画は一時おとろえかけたが、政府の保護やアメリカ人の〔50　〕、〔51　〕らの影響のもとで、図5の『〔52　〕』を描いた〔53　〕や橋本雅邦らによってすぐれた日本画が創作された。

☐ ⑧西洋画では、浅井忠らが中心となって、日本で最初の洋画団体〔54　〕が結成された。彼らは、その暗い色調が特徴であることから脂派と呼ばれた。

☐ ⑨フランス印象派の画風を学んで帰国した〔55　〕は、〔56　〕を結成し、明るい色調で外光派と呼ばれた。彼の代表作が、図6の『〔57　〕』という作品である。

☐ ⑩彫刻の分野では、伝統的な木彫技法と新しい写生的技法とを調和させた高村光雲が、シカゴ万国博覧会に『〔58　〕』を出品した。一方、西洋の彫塑では、『坑夫』や『女』などの作品を残した〔59　〕や、『墓守』などの作品がある〔60　〕らが活躍した。

美術史Ⅱ（建築・工芸・焼き物）

❶ 古代～近代の建築史

Point 中世までは寺院建築を中心に、各時代の特徴に留意して、ほかの文化史の事項と合わせて理解する。建築と庭園の発達の関連に注意する。

	寺院建築	その他の建築・庭園など
古墳		宮殿…素木造・切妻・掘立柱
飛鳥	**法隆寺**金堂・五重塔・中門・歩廊 （中国六朝文化の影響）	神社…神明造（伊勢神宮） 大社造（出雲大社） └→住吉造（住吉大社）
白鳳	**薬師寺**東塔…三重塔の各層に裳階	住宅…竪穴・平地・高床
天平	東大寺法華堂（三月堂）・転害門 **正倉院宝庫**…**校倉造** **唐招提寺**金堂・講堂←------------	住宅（貴族）…板屋・檜皮葺 宮殿…唐風 ------平城宮朝集殿を移築
平安	**室生寺**金堂・五重塔［弘仁・貞観期］ **平等院鳳凰堂**・法界寺阿弥陀堂--------→ 浄土教の地方発展→**中尊寺金色堂**・富貴寺大堂・白水阿弥陀堂［院政期］	住宅（貴族）…**寝殿造**（白木造・檜皮葺） 浄土庭園の発生 毛越寺浄土庭園（平泉） 庶民の住宅は床の発生や板屋（～鎌倉）
鎌倉	大陸から｛**東大寺南大門**（**大仏様**） **円覚寺舎利殿**（**禅宗様**、唐様） 石山寺多宝塔（**和様**） 蓮華王院本堂（三十三間堂、和様） 観心寺金堂（**折衷様**）	住宅（武士）…**館**、いわゆる武家造（寝殿造の流れを引く） 物見櫓・塀などの防衛施設
室町	**鹿苑寺金閣**…寝殿造風・禅宗様 **慈照寺銀閣**…住宅風・禅宗様 →**枯山水**など禅宗庭園（天龍寺・西芳寺・龍安寺・大徳寺大仙院）の発達	住宅（武士）…**書院造**（禅宗の影響） **慈照寺東求堂同仁斎**
桃山	**城郭**…安土城・大坂城・伏見城・姫路城 大徳寺唐門・西本願寺飛雲閣（伝**聚楽第**遺構） **都久夫須麻神社本殿**・西本願寺書院・西本願寺唐門（伝伏見城遺構） 茶室…**妙喜庵茶室**（待庵、伝千利休） 廻遊式庭園の発達――――→	住宅（商家）…２階建て・瓦屋根 土蔵造（防火対策・江戸期）
江戸	**霊廟建築**…**日光東照宮**（**権現造**）	**数寄屋造**…**桂離宮**・修学院離宮
明治	近代建築…**コンドル**（イギリス人、鹿鳴館・ニコライ堂を設計） →**辰野金吾**（日本銀行本店）・片山東熊（旧東宮御所〈迎賓館赤坂離宮〉）	

② 工芸と「焼き物」の歴史

Point 各時代の代表的な作品・人物をおさえる。江戸時代になると、各地の特産品・専売品となっていくので産業・経済史からも理解しておく。

	工芸	「焼き物」
古墳		**土師器**…弥生土器の製法
飛鳥	**法隆寺玉虫厨子** **中宮寺天寿国繡帳**	**須恵器**…朝鮮半島伝来の新技術 ろくろの使用・のぼり窯で焼成
白鳳	法隆寺龍首水瓶	
天平	**正倉院宝物**(大陸文化の影響) 螺鈿紫檀五絃琵琶・漆胡瓶・白瑠璃碗 東大寺大仏殿八角灯籠	
平安	装飾経　『平家納経』『扇面古写経』	唐物の陶磁器等の珍重
鎌倉	刀剣…正宗(鎌倉) 藤四郎吉光(京都) 長光(備前) 甲冑…明珍(京都から各地へ)?	[平安末～]六古窯…常滑焼・備前焼・**瀬戸焼**・信楽焼・越前焼・丹波焼 └→宋・元の影響、灰釉陶器
室町	刀剣の目貫・小柄…後藤祐乗	
桃山	[室町]高蒔絵→高台寺蒔絵 **欄間彫刻**(透彫)…西本願寺の欄間	茶道の発達…志野焼・織部焼・唐津焼 朝鮮侵略の際に連行した朝鮮人陶工によるお国焼
江戸	[寛永期] 17世紀前半 鷹ヶ峰の**本阿弥光悦**――→ 『舟橋蒔絵硯箱』などの金蒔絵 [元禄期] 17世紀後半 **尾形光琳** 『八橋蒔絵螺鈿硯箱』などの光琳蒔絵 **尾形乾山**…仁清に学ぶ、陶工・画家 染物　**友禅染**…**宮崎友禅** 織物　**西陣織**(縮緬・金襴・緞子) 桐生絹・足利絹・丹後縮緬	楽焼(低火度の手作り陶器)に秀作 有田焼…**酒井田柿右衛門**(**上絵付**の技法を研究し、**赤絵**を完成) 『色絵花鳥文深鉢』『色絵花鳥文壺』 **京焼**(楽焼を除く京都の陶磁器の総称) **野々村仁清**(上絵付法をもとに**色絵**を完成) 『色絵吉野山図茶壺』『色絵藤花文茶壺』 お国焼→各藩の特産・専売品になる 有田焼(伊万里焼、鍋島氏) →九谷焼(前田氏) 薩摩焼(島津氏)・萩焼(毛利氏) 平戸焼(松浦氏)・高取焼(黒田氏)

Speed Check! 美術史Ⅱ（建築・工芸・焼き物）

❶ 古代〜近代の建築史

図1

図2

☐ ①古代の神社建築では、切妻・平入の伊勢神宮の〔1 〕と、切妻・妻入の出雲大社の〔2 〕があり、また〔2 〕から発展した住吉大社の〔3 〕がある。

☐ ②図1は、飛鳥文化の代表的な建築物の〔4 〕で、金堂・五重塔などが残されている。また、奈良西ノ京の〔5 〕東塔は白鳳文化の代表的な建築物である。

☐ ③天平文化の代表的な建築物は、唐招提寺金堂や〔6 〕(三月堂)で、どっしりとしたつくりである。特に後者には天平彫刻の傑作の仏像が多くおさめられている。また、710年頃建造の平城宮朝集殿を移築した〔7 〕も残されている。

☐ ④聖武太上天皇の遺愛の品などをおさめた〔8 〕の北倉と南倉には、柱を用いずに台形や三角形の木材を組んで壁面を構成した〔9 〕が用いられている。

☐ ⑤弘仁・貞観期には山岳仏教が発達して、伽藍は地形に応じた配置になった。代表的な建築物には、屋根は檜皮葺で簡素な構造が特徴の〔10 〕金堂や五重塔などがある。

☐ ⑥平安時代の貴族の住宅は、〔11 〕・檜皮葺で開放的な〔12 〕の日本的な建物になった。また、この時代は、浄土教の流行から阿弥陀堂建築が発達した。図2は、藤原頼通が宇治に建立した〔13 〕で、定朝作の本尊阿弥陀如来像をおさめている。

☐ ⑦平安時代末、平泉で奥州藤原氏が〔14 〕や浄土庭園を残す〔15 〕などを建立した。さらに陸奥の〔16 〕、豊後の〔17 〕などの阿弥陀堂は、浄土教の地方への発展を物語っている。

☐ ⑧鎌倉時代には、大陸から〔18 〕・〔19 〕と呼ばれる新たな建築様式がもたらされた。〔18 〕は、東大寺再建にあたって用いられた様式で、豪放な力強さを特色としている。また、〔19 〕は、整然とした美しさが特色である。

☐ ⑨平安時代以来の建築様式は和様といい、〔20 〕や〔21 〕(三十三間堂)などがある。観心寺金堂は、これに大陸の新様式の一部をとり入れた〔22 〕で建立されている。また、この時代の武士の住宅は、〔23 〕を簡略にした様式となっている。

☐ ⑩室町文化の成立期の代表的な建築物は、足利義満が建立した〔24 〕で、貴族文化の象徴である〔25 〕風と、武家文化の象徴である禅宗寺院の〔26 〕を折衷している。

☐ ⑪室町時代後期の代表的な建築物は、足利義政が建立した〔27 〕で、同寺の東求堂同仁斎にみられる〔28 〕は、近代和風住宅の源流となった。

☐ ⑫禅宗寺院には、禅の精神で統一された庭園がつくられた。砂と石で象徴的な自然をつくり出した〔29 〕は、石庭で有名な〔30 〕や大徳寺大仙院などに残されている。

☐ ⑬桃山文化を象徴するのが城郭建築で、聚楽第の遺構としては〔31 〕・〔32 〕などが伝えられる。また、伏見城の遺構としては、琵琶湖の竹生島の〔33　〕が伝えられる。

☐ ⑭江戸時代の寛永期には、前代の茶室建築が発達して庭園と調和する〔34　〕が工夫され、〔35　〕・〔36　〕が残された。また、霊廟建築としては徳川家康を祀る〔37　〕がつくられ、この時代の神社建築には〔38　〕が広く用いられた。

☐ ⑮明治期の近代建築では、イギリス人の〔39　〕がニコライ堂や鹿鳴館を設計し、その門下から日本銀行本店・東京駅などを設計した〔40　〕や、迎賓館赤坂離宮を設計した〔41　〕が出た。

❷ 工芸と「焼き物」の歴史

図3

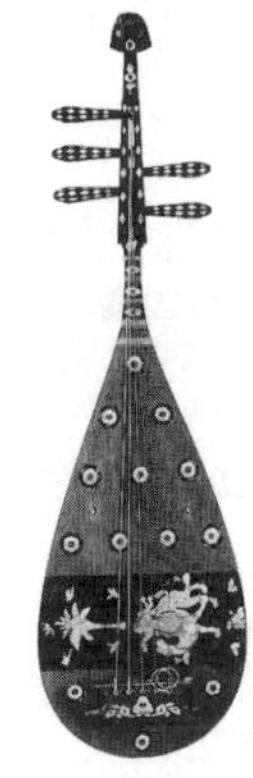

図4

図5

☐ ①古墳時代の焼き物は、弥生土器の系譜を引く〔42　〕と、朝鮮半島伝来でろくろを使用し、のぼり窯で焼成した〔43　〕とがある。

☐ ②飛鳥時代の工芸品では、須弥座や扉に密陀絵(または漆絵)が描かれている〔44　〕や、中宮寺の〔45　〕と呼ばれる日本最古の刺繡がある。

☐ ③図3は、〔46　〕の一つで、〔47　〕という。ほかにも漆胡瓶や白瑠璃碗など、東ローマや西アジアの流れをくむものがあり、この文化の世界的な広がりを感じさせる。

☐ ④鎌倉時代の工芸品では、武士の成長とともに武具の制作がさかんになり、甲冑の〔48　〕(学問的確証はない)、刀剣では鎌倉の〔49　〕、京都の〔50　〕、備前の長光らの名工があらわれた。また、焼き物では「六古窯」が展開し、特に灰釉陶器の〔51　〕が発達した。

☐ ⑤寛永期には、〔52　〕が鷹ヶ峰に芸術村を開き、また有田の〔53　〕は上絵付の技法を研究して赤絵を完成させ、図4の『〔54　〕』などの作品を残した。

☐ ⑥元禄期には、〔55　〕が図5の『〔56　〕』などの作品をつくり、また〔57　〕は、上絵付法をもとに色絵を完成させて、京焼の祖とされた。

☐ ⑦豊臣秀吉の朝鮮侵略で日本に連れて来られた朝鮮人陶工によって、各地にお国焼の窯が開かれ、鍋島氏の〔58　〕、島津氏の〔59　〕、毛利氏の萩焼などが発達した。

☐ ⑧京都の染物絵師である宮崎友禅が糊付染の技法を改良し、友禅模様を染め出した。また、織物では縮緬・金襴などの高級絹織物の〔60　〕の技術が各地に発達した。

Summary 文学史

1 古代社会の形成と文学

Point 大陸文化を積極的に受容し、文字の導入がはかられてから、万葉仮名、そしてかな文字の発明による国文学の発達までをおさえる。

ヤマト政権と古墳文化・飛鳥文化	**漢字**による日本語表記の最古の例 { **稲荷山古墳出土鉄剣銘**(埼玉)・**江田船山古墳出土鉄刀銘**(熊本) 隅田八幡神社人物画像鏡銘(和歌山) 仏教・儒教への関心と理解(憲法十七条)
律令国家の形成と白鳳文化	渡来人の影響と漢詩文…大友皇子・大津皇子・長屋王(『懐風藻』) 日本古来の歌謡から和歌が発達…有間皇子・額田王・柿本人麻呂(『万葉集』)
律令国家の展開と天平文化	国史編纂　**『古事記』『日本書紀』** 地誌編纂　**風土記**(伝承と文学) 現存最古の漢詩集…**『懐風藻』**、淡海三船・石上宅嗣らの活躍 万葉仮名の発明と**『万葉集』**…山上憶良・山部赤人・大伴旅人・家持らの作品
律令国家の転換と弘仁・貞観文化	唐文化への傾倒・文章経国の思想の広まりと漢文学の隆盛 { **勅撰漢詩文集**…『凌雲集』『文華秀麗集』『経国集』 個人の漢詩文集…空海の『性霊集』、菅原道真の『菅家文草』、空海の評論『文鏡秘府論』 漢文体の国史編纂…「**六国史**」→菅原道真『類聚国史』
貴族政治と国風文化	和歌の発達…六歌仙、**勅撰和歌集『古今和歌集』**〔紀貫之ら編〕、八代集 **かな文字**の発達と国文学の隆盛 { 物語：『竹取物語』、『伊勢物語』、**『源氏物語』**〔紫式部〕 日記：『土佐日記』〔紀貫之〕、『蜻蛉日記』〔藤原道綱の母〕、『和泉式部日記』〔和泉式部〕、『更級日記』〔菅原孝標の女〕 随筆：**『枕草子』**〔清少納言〕 歴史物語：『栄花(華)物語』〔赤染衛門？〕

2 中世社会の展開と文学

Point 院政期から鎌倉幕府成立にかけての動乱の世と中世文学のおこり、また室町時代の歴史書、庶民文芸、五山文学の隆盛などに着目する。

武士・庶民・地方文化の台頭	**今様**の流行、**『梁塵秘抄』**〔後白河上皇撰〕 仏教説話集　**『今昔物語集』** **軍記物語**　『将門記』『陸奥話記』 歴史物語　『大鏡』『今鏡』
武家政権の成立と鎌倉文化	和歌　**『新古今和歌集』**〔藤原定家・家隆ら〕…勅撰、八代集の最後 『山家集』〔西行〕、『金槐和歌集』〔源実朝〕 歴史　**『愚管抄』**〔慈円〕、**『吾妻鏡』**、『元亨釈書』〔虎関師錬〕 軍記物語　『保元物語』『平治物語』**『平家物語』**『源平盛衰記』
	動乱の世と無常感 随筆・日記　『方丈記』〔鴨長明〕、**『徒然草』**〔兼好法師〕、『十六夜日記』〔阿仏尼〕 説話集　『沙石集』〔無住〕、『十訓抄』、『宇治拾遺物語』、『古今著聞集』〔橘成季〕

<table>
<tr><td>武家社会の成長と室町文化

禅の流行と庶民的性格</td><td>歴史の転換期を描く文学、歴史書の誕生
軍記物語 『太平記』、『難太平記』〔今川了俊(貞世)〕
歴史書 『増鏡』、『神皇正統記』〔北畠親房〕、『梅松論』
五山文学(五山版)の隆盛…臨済禅の盛行(義堂周信・絶海中津)
庶民文芸の流行
連歌 {『菟玖波集』『応安新式』〔二条良基〕
『新撰菟玖波集』〔宗祇〕…正風連歌
『水無瀬三吟百韻』〔宗祇・肖柏・宗長〕
『犬筑波集』〔宗鑑〕…俳諧連歌
御伽草子：『文正草子』『物くさ太郎』『一寸法師』『浦島太郎』『酒呑童子』</td></tr>
</table>

3 近世社会の成熟と文学

Point **幕藩体制が確立し産業・経済が発達する中、上方の町人文芸が勃興した。江戸時代後半には庶民に文芸が普及する一方、通俗化した点に注目する。**

<table>
<tr><td>幕藩体制の確立と元禄文化

上方町人文芸の発達</td><td colspan="2">小説 {仮名草子…教訓を主体とする
浮世草子…井原西鶴 {『好色一代男』『武道伝来記』
『日本永代蔵』『世間胸算用』
→愛欲・金銭欲などから人間性を鋭く描く
俳諧 {独立…松永貞徳(貞門派)、西山宗因(談林派)
発達…松尾芭蕉(蕉風〈正風〉俳諧)『奥の細道』『笈の小文』
→民衆文芸の基礎
人形浄瑠璃…近松門左衛門 {『曽根崎心中』『心中天網島』
『国性(姓)爺合戦』『冥土の飛脚』
→義理と人情の板ばさみ
歌舞伎</td></tr>
<tr><td rowspan="2">幕藩体制の動揺と宝暦・天明期の文化／化政文化

庶民文芸の発達と通俗化</td><td>宝暦・天明期</td><td>小説 {洒落本 『仕懸文庫』〔山東京伝〕
黄表紙 『金々先生栄花夢』〔恋川春町〕} 寛政の改革で処罰(出版業の蔦屋重三郎も)
読本 『雨月物語』〔上田秋成〕
俳諧 『蕪村七部集』〔与謝蕪村〕
川柳 『誹風柳多留』〔柄井川柳〕…五七五で社会風刺と皮肉
狂歌 大田南畝(蜀山人)、石川雅望(宿屋飯盛)…世相批判・皮肉
脚本 『仮名手本忠臣蔵』〔竹田出雲(２世)〕、『本朝廿四孝』〔近松半二〕
歌舞伎 江戸三座…中村座・市村座・森田座(守田座)</td></tr>
<tr><td>化政期</td><td>小説 {滑稽本 {『東海道中膝栗毛』〔十返舎一九〕
『浮世風呂』『浮世床』〔式亭三馬〕
人情本 『春色梅児誉美』〔為永春水〕
合巻 『偐紫田舎源氏』〔柳亭種彦〕} 天保の改革で処罰
読本 『南総里見八犬伝』『椿説弓張月』〔曲亭馬琴〕
俳諧 『おらが春』〔小林一茶〕
和歌 香川景樹(桂園派)、良寛
脚本 『東海道四谷怪談』〔鶴屋南北〕
その他 『北越雪譜』〔鈴木牧之〕、『菅江真澄遊覧記』〔菅江真澄〕</td></tr>
</table>

Speed Check! 文学史

1 古代社会の形成と文学

☐ ①漢字をつかった日本語表記の最古の例として、埼玉県[1]古墳出土鉄剣銘や、和歌山県[2]人物画像鏡銘があげられる。

☐ ②白村江の戦いののち、百済からは中国的な教養を身につけた多くの王族・貴族たちがわたってきた。その影響もあって、天智天皇の時代以降になると、宮廷では漢詩文をつくることがさかんに行なわれ、天武天皇の皇子である[3]らがすぐれた作品を残した。

☐ ③白鳳期には、日本古来の歌謡から発達した和歌も詩型が定まり、雄大・荘厳な長歌を残した[4]や、女流歌人の[5]らの歌人によって、心情をすなおに表現し、人々の心を打つ作品がうまれた。

☐ ④奈良時代に入ると、漢詩文をつくることは、貴族の教養として一層重んじられた。[6]・[7]らが文人として著名で、最古の漢詩集である『[8]』もつくられた。

☐ ⑤和歌の世界では、[9]・山部赤人・大伴旅人・大伴家持らがあらわれた。これら著名な歌人の歌だけでなく、東歌や防人歌などを収録した『[10]』がつくられた。[11]が用いられていることもその特色である。

☐ ⑥中国風の文化が重んじられた弘仁・貞観文化の時代は、嵯峨・淳和天皇のころに小野岑守らが編纂した『[12]』や、『[13]』『経国集』などの勅撰漢詩集があいついで編纂された。

☐ ⑦10世紀以後、文化の国風化が進んだ。[14]文字が発達し、日本人特有の感情や感覚を生き生きと伝える国文学が隆盛をむかえた。905年、最初の勅撰和歌集として、『[15]』が[16]らによって編集された。

☐ ⑧宮廷の女性による文学が発達し、かな物語では伝説を題材とした『[17]』や歌物語の『[18]』などに続いて、紫式部の『[19]』がうまれた。また、宮廷生活の体験を随筆風にしるした[20]の『枕草子』は、『[19]』と並ぶ最高傑作とされている。

☐ ⑨国文学では、かなの日記も多く書かれ、紀貫之の『[21]』はその最初のものである。ほかにも藤原道綱の母による『[22]』、菅原孝標の女による『[23]』などにはこまやかな感情が込められている。

2 中世社会の展開と文学

☐ ①平安時代末に、後白河上皇が自ら民間の流行歌謡である[24]を学んで『[25]』を編んだことは、この時代の貴族と庶民の文化の深い関わりをよく示している。

☐ ②インド・中国・日本の1000余の説話を集めた『[26]』の中には、平安時代末の武士や庶民の生活がみごとに描き出されている。

☐ ③武士であった西行は、出家して平安時代末の諸国を遍歴し、『[27]』を残した。また、『方丈記』の作者[28]は、西行とともに中世的な隠者の文学の代表者である。

☐ ④承久の乱の直前、歴史をつらぬく原理をさぐり、道理による歴史の解釈をこころみた慈円の著書『[29]』にも、当時の仏教思想が表れている。

☐ ⑤鎌倉時代の貴族文学は、和歌の分野では後鳥羽上皇の命で藤原定家・家隆らによって選ばれた『[30]』や、定家に学び万葉調の歌を詠んだ将軍源実朝の『[31]』などが、代表的な作品として残っている。

☐ ⑥平氏の興亡を主題とした一大叙事詩である『[32]』は軍記物語の最高傑作で、琵琶法師によって平曲として語られ、文字を読めない人々にも広く親しまれた。

☐ ⑦平安時代後期以降にさかんとなった説話文学には、橘成季の『[33]』などの名作があらわれた。鎌倉時代末には広い見聞と鋭い観察眼による随筆『[34]』が兼好法師によって書かれ、この時代の人々の思索の深まりを示している。

☐ ⑧南北朝時代には、歴史の転換期を描く文学や歴史書があらわれ、北畠親房は伊勢神道の理論を背景に、南朝の立場から皇位継承の正しい道理を説いた『[35]』を著した。

☐ ⑨軍記物語では、南北朝の動乱の全体を描こうとした大作『[36]』が出て、人々の間に普及し、後世まで大きな影響を与えた。

☐ ⑩室町時代になると五山の禅僧の間で、宋学の研究や漢詩文の創作がさかんになり、足利義満のころに絶海中津・義堂周信らが出て、[37]は最盛期をむかえた。

☐ ⑪南北朝時代に出た[38]は『菟玖波集』を撰し、連歌の規則書として『応安新式』を制定したが、『菟玖波集』が勅撰集と同格とされてからは、和歌と対等の地位を築いた。

☐ ⑫応仁のころに出た[39]は正風連歌を確立し、『新撰菟玖波集』を撰して弟子たちと『水無瀬三吟百韻』を詠んだ。一方、これに対し[40]がより自由な気風をもつ俳諧連歌をつくり出し、『犬筑波集』を編集した。

3 近世社会の成熟と文学

☐ ①元禄期の文学は、上方の町人文芸が中心である。[41]は浮世草子と呼ばれる小説で、愛欲・金銭欲などを通して人間性を鋭く追究する、新しい文学の世界を創造した。

☐ ②[42]は、さび・しおり・かるみで示される蕉風俳諧を確立し、『奥の細道』などの作品で自然と人間を鋭くみつめた。

☐ ③[43]は現実の社会や歴史に題材を求め、義理と人情との板ばさみに悩む人々の姿を、『曽根崎心中』などの人形浄瑠璃や歌舞伎の脚本に描いた。

☐ ④江戸時代後期には、浮世草子がおとろえたあと、さし絵で読者をひきつける草双紙や、江戸の遊里を描く[44]が流行した。また、[45]と呼ばれる政治批判や風刺のきいた絵入りの小説も大いに売り出された。これらは寛政の改革で厳しく取り締まられ、[44]の代表作家である[46]が処罰された。

☐ ⑤文化期には滑稽さや笑いをもとに、庶民の軽妙な生活を生き生きと描いた滑稽本がさかんになり、[47]や十返舎一九があらわれた。

☐ ⑥『春色梅児誉美』などの人情本の作家であった[48]は、天保の改革で処罰された。また、文章主体の小説で歴史や伝説を素材にした[49]の代表作『南総里見八犬伝』は[50]によって書かれ、評判を博した。

☐ ⑦俳諧では、化政期に信濃の[51]が、農村の生活感情を個性豊かに詠んだ。

Summary 史学と儒学

1 歴史編纂と史書

Point 歴史編纂は、国家の形成や発展とどのように関わったか、どのような立場で歴史書がまとめられていったかをおさえる。また、史論・歴史観をおさえることが重要である。

背景	書名・編著者	成立と内容
推古朝	『天皇記』『国記』	現存せず、厩戸王(聖徳太子)と蘇我馬子が編纂開始?
天武朝		「**帝紀**」「**旧辞**」をもととする国史編纂を開始
	『**古事記**』(天武天皇の命)	712　神代〜推古、稗田阿礼が誦習、太安万侶(安麻呂)が筆録
＊**六国史**は律令政府の国家的事業	＊『**日本書紀**』〔舎人親王ら〕	720　神代〜持統、中国の正史にならい漢文編年体
	＊『続日本紀』〔菅野真道ら〕	797　文武〜桓武→＊『日本後紀』＊『続日本後紀』＊『日本文徳天皇実録』
公家の漢文体日記も重要	『類聚国史』〔菅原道真〕	892　部門別に六国史を編集
	＊『日本三代実録』〔藤原時平ら〕	901　清和〜光孝
歴史の転換期が背景に	『栄花(華)物語』〔赤染衛門?〕	11C　宇多〜堀河、和文編年体、藤原道長を讃美
	『**大鏡**』	11C末　文徳〜後一条、紀伝体、藤原道長に批判的
武家政権の成立	『**愚管抄**』〔慈円〕	1220　神武〜順徳、仏教の道理による史観、武家政治成立の必然性を説く
	『**吾妻鏡**』	13C末　1180〜1266、鎌倉幕府の日記風編年体史書
	『元亨釈書』〔虎関師錬〕	1322　仏教伝来〜鎌倉時代、日本最初の仏教史
南北朝の動乱と室町幕府の成立	『**神皇正統記**』〔北畠親房〕	1339　神代〜後村上、南朝の正統性を主張
	『梅松論』	14C中　足利尊氏の生涯を中心とする戦記
	『増鏡』	14C末　後鳥羽〜1333、編年体、南朝に同情的
	『善隣国宝記』〔瑞溪周鳳〕	室町時代中期までの仏教の視点からの外交史
幕藩体制の成立	『本朝通鑑』〔林羅山・鵞峰父子〕	1670　神代〜後陽成、宋の『資治通鑑』にならい編年体
	『**読史余論**』〔新井白石〕	1712　摂関政治〜江戸幕府成立、歴史発展の法則
	『**大日本史**』(徳川光圀の命)	1657開始〜1906完成　水戸藩の彰考館で編纂、朱子学の大義名分論
近代国家の成立とアジア進出	『**文明論之概略**』〔福沢諭吉〕	1875　文明開化史観による日本と西欧の比較文明史
	『**日本開化小史**』〔田口卯吉〕	1877　古代〜明治維新、ギゾー・バックルの史観
	『大日本史料』〔東大史料編纂所〕	六国史以後〜明治維新、基礎史料集の編纂
	『神代史の研究』〔津田左右吉〕	1913　『古事記』『日本書紀』の文献学的研究により古代史を科学的に解明、1940年に発禁

2 儒学の導入と展開

Point 6世紀に大陸から伝えられたとされる儒教は、中国古代の思想家孔子の説いた道徳哲学・政治哲学である。特に、13世紀に導入された朱子学が儒学の中心として研究され、その大義名分論は幕藩制社会を基礎付けたことに注目する。

儒教の伝来 渡来人	［5世紀］ 阿直岐・**王仁**が来日（『日本書紀』） 応神天皇の時、王仁が論語・千字文をもたらす（『古事記』） ［6世紀］ 百済から**五経博士**が来日、儒教を伝える 医・易・暦が伝来
儒教の導入 留学生	律令政治の指導理念…隋・唐から五経中心の訓詁学を導入 ・**厩戸王**の政治思想の柱は儒教と仏教→**冠位十二階・憲法十七条** ※徳・仁・礼・信・義・智の徳目を掲げる ・律令貴族の教育機関である**大学・国学**で五経研究は正課（明経道）
朱子学の伝来 五山の禅僧	宋の朱熹によって大成され、儒教に哲学的基礎を与える ・大義名分・尊王斥覇を主張、禅と結んで発展（禅儒一致） ・俊芿（1199入宋）、蘭溪道隆（1246来日）、一山一寧（1299来日、弟子夢窓疎石）らがもたらす
朱子学の伝播 戦国大名	新興の戦国大名に受け入れられ、政治思想として地方へ広がる ・桂庵玄樹（南禅寺僧、渡明）：後醍醐天皇、南朝についた肥後の菊池氏や、九州の南朝勢力と戦った薩摩の島津氏に招かれ講義。『大学章句』を薩摩で刊行。薩南学派の祖 ・南村梅軒：土佐で講義。南学（海南学派）の祖とされるが不明
近世の朱子学 幕府・藩	**大義名分論**にもとづいて君臣関係や人それぞれの役割、上下の身分秩序を固定し、動かしがたいものとする朱子学の思想は、封建社会を維持する道徳原理として幕府や藩に歓迎された ・**藤原惺窩**：京学の祖。もと相国寺の禅僧。豊臣秀吉の朝鮮侵略の際、連行された朝鮮儒学の大家姜沆らから直接朱子学を学ぶ

藤原惺窩（京学）―林羅山（道春）―林鵞峰―林鳳岡（信篤、大学頭）- - - 柴野栗山
①家康―②秀忠―③家光―④家綱―⑤綱吉―⑥家宣―⑦家継―⑧吉宗
藤原惺窩―松永尺五―木下順庵―新井白石
木下順庵―室鳩巣
木下順庵- - - 尾藤二洲
招請：前田綱紀（加賀）

（南村梅軒）- - - 谷時中（南学）―野中兼山（土佐藩家老）
谷時中―山崎闇斎（垂加神道）- - - 岡田寒泉
山崎闇斎- - - 古賀精里
招請：保科正之（会津）

中江藤樹（陽明学）―熊沢蕃山
招請：池田光政（岡山）

近代の儒教思想	学校教育における「教育勅語」（元田永孚らの起草）や、軍隊の規律を定めた「軍人勅諭」「戦陣訓」に儒教の徳目が採用された

Speed Check! 史学と儒学

❶ 歴史編纂と史書

☐ ①推古朝に厩戸王と蘇我馬子は『[1]』『[2]』の編纂を開始したといわれている。しかし、それらは大化改新の蘇我氏滅亡の際に焼失したとされ、現存しない。

☐ ②712年に完成した『[3]』は、宮廷に伝わった「帝紀」「旧辞」に、[4]天皇が自らの検討を加え、これを稗田阿礼によみならわせ、のちに[5]が筆録したものである。

☐ ③720年に完成した『[6]』は、[7]親王が中心となって編纂したもので、中国の史書の体裁にならい、正式な漢文によって編年体で記述されている。

☐ ④『日本書紀』を先例として、以後、10世紀初めまで国家事業として史書の編纂が続けられ、[8]が成立した。文武天皇から桓武天皇の時代を記述したのは『[9]』である。文章博士から右大臣になった[10]が著した『類聚国史』は、[8]を部類別に編集・集成したものである。

☐ ⑤『[11]』は、藤原道長をたたえたかな書き・編年体の歴史物語で、作者は赤染衛門ともいわれる。これに対して、道長に批判的な『[12]』は、紀伝体の歴史物語で、平安時代末の貴族の思想をよく表している。

☐ ⑥九条兼実の弟で、天台座主の要職にあった僧[13]は、仏教の道理にもとづく史観をもって『[14]』を著し、武家政治成立の必然性を説いた。一方、鎌倉幕府の関係者は、幕府の歴史を日記体でしるした『[15]』を編んだ。

☐ ⑦1322年、[16]によって書かれた『[17]』は、仏教伝来以来の高僧の伝記をしるした日本最初の仏教史である。

☐ ⑧南北朝の動乱のさなか、[18]は伊勢神道の理論を背景に南朝正統論に立ち、皇位継承の正しい道理を説く『[19]』を書き、幼い後村上天皇の養育の書とした。

☐ ⑨『[20]』は足利尊氏の生涯を中心とする戦記で、足利氏の政権獲得までの過程を武家の立場からしるしている。

☐ ⑩源平争乱以降、特に後鳥羽上皇の承久の乱から鎌倉幕府滅亡までを、公家の立場からしるしたのは『[21]』である。

☐ ⑪軍記物語では、南北朝の動乱の全体像を描こうとした大作『[22]』がつくられ、人々の間に普及し、後世まで大きな影響を与えた。

☐ ⑫江戸幕府の歴史編纂事業は、林羅山・鵞峰によって進められ、『[23]』が完成した。

☐ ⑬[24]は実証研究をもとに『[25]』を著し、武家政権の推移を段階的に時代区分し、独自の史論を展開した。

☐ ⑭水戸藩の彰考館で続けられた『[26]』の編纂は、水戸学と呼ばれる天皇尊崇と封建的秩序の確立を説く思想をうんだ。

☐ ⑮福沢諭吉の『[27]』は、文明開化史観によって日本と西欧の比較文明史を展開し、国民の啓蒙と思想の転換に大きな影響を与えた。

☐ ⑯日本史では田口卯吉が『[28]』を著して文明史論を展開し、史観の革新が行なわれた。

☐ ⑰早稲田大学教授[29]は、『古事記』『日本書紀』の文献学的研究により、古代史の科学的解明を進めたが、準戦時体制が強まる中、1940年に著書が発禁となった。

❷ 儒学の導入と展開

□ ①『日本書紀』は５世紀に〔30　〕が渡来したこと、また『古事記』は〔30　〕が論語・千字文を伝えたことをしるしている。

□ ②６世紀には百済から渡来した〔31　〕によって儒教が伝えられ、医・易・暦などの学術も伝来した。

□ ③厩戸王の政治理念の柱は、儒教と仏教であった。それは、冠位十二階や〔32　〕の中にうかがうことができる。

□ ④奈良時代には教育機関として中央に〔33　〕、地方では〔34　〕が設置され、儒教の経典である五経などを学ぶ明経道が正課として重視された。

□ ⑤朱子学は中国宋代の〔35　〕によって大成され、儒教に哲学的基礎を与えた。室町時代には俊芿らによって中国からもたらされ、主に〔36　〕の禅僧によって研究が進められた。特に〔37　〕論と尊王斥覇の考え方は、その後の日本の政治思想に大きな影響を与えた。

□ ⑥応仁の乱後、明に渡った南禅寺の僧〔38　〕は儒学を学び、のちに肥後の菊池氏や薩摩の島津氏のもとで儒学を講義し、〔39　〕学派の祖となった。

□ ⑦朱子学は〔40　〕・父子の別をわきまえ、上下の秩序を重んじる学問であったため、江戸時代に入ると幕府や藩にも受け入れられた。

□ ⑧京都相国寺の禅僧であった〔41　〕は、還俗して朱子学を中心とする儒学の啓蒙につとめた。その門人の〔42　〕は徳川家康に用いられ、その子孫は代々儒者として幕府につかえて教学を担った。

□ ⑨土佐の谷時中の系統からは〔43　〕・野中兼山らが出て、特に〔43　〕は神道を儒教流に解釈して〔44　〕神道を説き、会津藩主保科正之に用いられた。

□ ⑩中江藤樹やその門人〔45　〕らは、知行合一の立場で現実を批判してその矛盾を改めようとする革新性をもった〔46　〕を学び、〔45　〕は一時岡山藩主〔47　〕に用いられた。しかし、政治批判のかどで幕府により下総の古河に幽閉され、そこで病死した。

□ ⑪文治政治を志向した５代将軍徳川綱吉は儒教を重んじ、林鳳岡を〔48　〕に任じ、〔49　〕を建て、研究機関として聖堂学問所をおいて林家に主宰させた。

□ ⑫木下順庵の弟子であった〔50　〕は、６代徳川家宣と７代家継の２代にわたる将軍の儒学の師として、朱子学者の立場から将軍権威の高揚につとめた。また、同じく木下順庵の弟子であった〔51　〕は、８代将軍吉宗の侍講として、享保の改革を支えた。

□ ⑬寛政の改革は学問にも及んだ。松平定信は朱子学を正学とし、聖堂学問所で朱子学以外の講義や研究を禁じる〔52　〕の禁を出し、儒官に〔53　〕と呼ばれた柴野栗山・尾藤二洲・岡田寒泉を任じ、思想の面からの統制をはかった。

□ ⑭近代以降、儒教の思想は学校教育においては元田永孚らが起草した〔54　〕や、軍隊では「軍人勅諭」や「戦陣訓」に徳目が採用された。

Summary 女性史

1 歴史に登場する女性

Point **時代による女性の地位のあり方に注目する。近代以降では、女子教育の向上や女性参政権の獲得に向けて、女性自身がどのように歴史を動かしたかに注目。**

縄文 弥生	血縁にもとづく共同社会、仕事を男女で分担、土偶は女性をかたどる 邪馬台国の女王**卑弥呼**と**壱与**(台与か)は巫女として神の意志を聞き、宗教的権威を背景に支配
飛鳥 ～ 奈良	女性天皇の活躍 推古天皇…摂政は厩戸王(聖徳太子)、冠位十二階、憲法十七条の制定 皇極天皇…大化の改新で退位、重祚して斉明天皇となる、白村江の戦い 持統天皇…天武天皇の妃、藤原京造営、飛鳥浄御原令の施行 孝謙天皇…僧侶の道鏡を重用、重祚して称徳天皇となる 〔歌人〕額田王…『万葉集』に12首 〔婚姻〕**妻問婚**…男性が女性の家に通う、平安時代前期まで
平安	子供は母方の家で育てられたため母系同族、摂関政治で藤原氏が権力を掌握 〔かな文学〕『源氏物語』〔**紫式部**〕、『枕草子』〔**清少納言**〕、『和泉式部日記』〔和泉式部〕、『栄花(華)物語』〔赤染衛門?〕、『蜻蛉日記』〔藤原道綱の母〕、『更級日記』〔菅原孝標の女〕
鎌倉	惣領制…母系制解体 女性の地位は比較的高く、女性が地頭となる例も、後期には一期分 〔芸能〕白拍子…白い水干で舞い踊る女性芸人 〔平氏政権〕平徳子…建礼門院、平清盛の娘 〔執権政治〕**北条政子**…「尼将軍」、北条時政の娘で源頼朝の妻 〔婚姻〕嫁入婚・夫婦同居
室町	13C後半、惣領制解体…分割相続→単独相続 女性は相続権を失い、地位低下 〔女性商人〕大原女(炭や薪売り)、桂女(鮎売り)　〔応仁の乱〕日野富子…足利義政の妻
安土 桃山 ・ 江戸	「家」の存続を第一に考える家父長権の強い家族、女性に相続権はなく男尊女卑 〔芸能〕**出雲お国**(阿国)…阿国歌舞伎の創始者 〔徳川家〕徳川和子…東福門院、徳川秀忠の娘、後水尾天皇へ入内、娘は明正天皇 ※江戸城に大奥 **和宮**…孝明天皇の妹、家茂の正室
明治 以降	〔女子教育〕女学校(1872)、女子師範学校(1877)、女子高等師範学校(1890) 女子留学生…**津田梅子**(女子英学塾、1900) 〔女性の労働〕 軽工業を支える工女…明治初期は士族の子女が多く働く 富岡製糸場の工女、横田(和田)英 労働問題…長時間労働、低賃金 『女工哀史』『あゝ野麦峠』に実情記述 雨宮製糸スト(1886):日本初のスト 第一次世界大戦後は、都市部で働く**職業婦人**も(タイピストや電話交換手)  女子留学生

明治以降	〔女性作家〕**樋口一葉**『たけくらべ』『にごりえ』、**与謝野晶子**『みだれ髪』 〔民権運動〕景山(福田)英子・岸田俊子ら参加 →治安警察法(1900)…女性の政治活動禁止(第５条)、選挙権なし 〔女性運動〕**平塚らいてう(明)**…**青鞜社**結成、雑誌『青鞜』を創刊(1911) 「元始、女性は実に太陽であった…」 良妻賢母から「新しい女(女性)」へ **新婦人協会**(1920)…平塚・**市川房枝**・奥むめお→治安維持法第５条撤廃 赤瀾会(1921)…初の女性社会主義団体、山川菊栄・伊藤野枝ら 婦人参政権獲得期成同盟会(1924)、婦選獲得同盟(1925) 〔芸能〕松井須磨子…芸術座、女優　三浦環…オペラ歌手 宝塚少女歌劇団…阪急電鉄の小林一三が創設
昭和戦前	〔オリンピック〕人見絹枝…日本女性初のメダリスト、陸上 前畑秀子…初の金メダル、水泳 〔戦時下の女性〕大日本婦人会(1942)、女子挺身隊(1943～) 女子学徒隊(ひめゆり隊・白梅隊)…沖縄戦で犠牲
戦後	1945　衆議院議員選挙法改正→女性参政権が実現 1946　新選挙法による初の総選挙→女性議員39人が当選 〔男女平等の社会へ〕 日本国憲法の公布…男女平等を規定 教育基本法・学校教育法…男女共学を規定 改正民法…「家」制度の廃止 女子差別撤廃条約(1979、国連で採択)、**男女雇用機会均等法**成立(1985)、育児休業法(1991)、男女共同参画社会基本法(1999) 〔芸能・その他〕 歌謡曲「リンゴの唄」〔並木路子〕、「東京ブギウギ」〔笠置シヅ子〕、「悲しき口笛」〔**美空ひばり**〕、漫画「サザエさん」〔**長谷川町子**〕、土井たか子(女性初の衆議院議長、初の政党党首)、向井千秋(宇宙飛行士)、緒方貞子(日本人初の国連難民高等弁務官)

青鞜社	⇨	新婦人協会	⇨	婦人参政権獲得期成同盟会	⇨	婦選獲得同盟	⇨	
1911年結成 平塚らいてう		1920年結成 平塚らいてう 奥むめお 市川房枝		1924年結成 市川房枝ら		1925年に改称		1940年解散 大政翼賛会へ吸収
女性の感性の解放をめざす。文学団体 1916年『青鞜』廃刊		女性の政治的地位向上をめざす。治安警察法第５条撤廃に1922年成功、同年解散		女性の選挙権獲得をめざす。 1925年、男性の普選実現		最盛期の会員1700人。雑誌『婦選』創刊(のち『女性展望』)		

女性団体の結成

Speed Check! 女性史

1 歴史に登場する女性

☐ ①縄文時代は、血縁にもとづく共同体社会がいとなまれ、近隣の集団と通婚していた。女性をかたどった[1　]がつくられ、収穫を祈る呪術に用いたと考えられている。

☐ ②弥生時代に入ると、邪馬台国の女王[2　]は巫女として神の意志を聞き、宗教的権威を背景に、小国を従えたと考えられている。

☐ ③飛鳥時代から奈良時代にかけては、女性天皇の活躍が目立った。[3　]天皇は甥の厩戸王を摂政とし、冠位十二階や憲法十七条を制定した。

☐ ④天武天皇の妃であった[4　]天皇は、夫の死後に即位し、[5　]の造営や飛鳥浄御原令の施行など、律令国家建設を前進させた。

☐ ⑤聖武天皇と光明子との子であった[6　]天皇は、上皇からさらに重祚して称徳天皇となり、[7　]を重用して僧侶政治の弊を招いた。

☐ ⑥奈良時代から平安時代初期の結婚形態は[8　]であったと考えられている。一方、武士社会では[9　]・夫婦同居が普通で、13世紀には公家・農民社会でも[9　]が行なわれるようになった。

☐ ⑦貴族社会では、子は母方の手で養育され、母方の縁が非常に重く考えられていた。藤原氏が行なった[10　]は、天皇の外戚として、天皇の権威を利用することで強い権力を掌握した。

☐ ⑧平安時代初期、万葉仮名を草書体に崩し簡略化した[11　]が生まれたことで、人々は感情や感覚を日本語で生き生きと伝えることが可能となり、多くの文学作品がうまれた。

☐ ⑨『源氏物語』の作者[12　]は藤原道長の娘中宮[13　]に仕え、『枕草子』の作者[14　]は藤原道隆の娘皇后[15　]に仕え、宮廷貴族の生活を文学に表した。

☐ ⑩源平争乱期、平清盛の娘[16　]は高倉天皇の中宮となり、その子は[17　]として即位し、清盛も天皇の外戚として権力を掌握した。

☐ ⑪伊豆の豪族北条氏は、時政の娘[18　]が源頼朝の妻となり、頼朝の死後には時政が[19　]の地位につき、幕府の実権を握った。

☐ ⑫武家社会の基礎は[20　]制で、[20　]が血縁の一族をまとめて鎌倉幕府に奉公したため、一族のつながりが重要で、母系制社会は解体した。

☐ ⑬鎌倉幕府が定めた[21　]は武家社会の慣習・道徳を成文化したものであったが、所領については[22　]が原則であった。

☐ ⑭鎌倉時代には結婚形態としては嫁入婚が一般的となったが、当時の家族制度では女性の地位は比較的高く、相続の際も男性と同じく財産を分配され、女性も御家人や[23　]になる例もみられた。

☐ ⑮鎌倉時代後半になると、相続方法が[24　]へと移行した。女性は相続権を失い、地位が低下して夫への従属性を強めた。

☐ ⑯室町時代の行商人の中には、炭や薪を売る[25　]や、鵜飼集団の女性で鮎売りの[26　]が活躍した。ほかにも扇売り・布売り・豆腐売りなどには女性が多く、また女性の金融業への進出も著しかった。

☐ ⑰室町幕府では８代将軍足利義政の弟の義視と、子の義尚との間で将軍継嗣問題がおこった。義政の妻〔27 〕は義尚を推して対立を深め、1467年に〔28 〕がおこった。

☐ ⑱17世紀初め、京都で〔29 〕が異様な風体で目立とうとする「かぶき者」の姿で踊り、評判となった。これは〔30 〕と呼ばれ、それを模した女芸人や遊女が演じる〔31 〕が流行した。

☐ ⑲江戸時代初期、幕府は朝廷を統制するために〔32 〕を制定し、徳川秀忠の娘〔33 〕を後水尾天皇に入内させた。紫衣事件を契機に1629年、後水尾天皇は子の〔34 〕に譲位し、奈良時代の称徳天皇以来、859年ぶりの女性天皇となった。

☐ ⑳明治時代になると教育の重要性が説かれ、1871年に文部省が設置され、翌年にはフランスの学校制度を模した〔35 〕が公布された。小学校教育の普及にも力を入れ、男女に等しく学ばせる国民皆学をめざした。しかし、女子の就学率は男子に比べると半分以下とのび悩んだ。

☐ ㉑1871年、岩倉使節団が米欧へ派遣された。一行には５人の女子留学生もおり、最年少の〔36 〕や山川捨松・永井繁子らが渡米した。帰国後、〔36 〕は1900年に〔37 〕を設立した。

☐ ㉒明治時代以降、繊維産業で働く女性を〔38 〕といい、明治初期には官営模範工場の〔39 〕でも多くの士族出身の女性が働き、富岡〔38 〕と呼ばれた。

☐ ㉓やがて繊維産業を支える労働者の大部分が女性となり、その多くは苦しい家計を助けるために出稼ぎにきた小作農家などの子女であった。低賃金で長時間労働と、劣悪な作業環境に苦しむ姿は、細井和喜蔵が著した『〔40 〕』や、飛騨山脈の峠をこえて長野県諏訪地方へ働きに出た女性の実情を描いた『〔41 〕』で知ることができる。

☐ ㉔第一次世界大戦中から戦後の経済発展により女性の社会進出が進んだ。バスガールやタイピスト、電話交換手など働く女性を〔42 〕と呼んだ。

☐ ㉕近代文学では、『たけくらべ』を著した〔43 〕や、雑誌『明星』に情熱的な短歌を残した〔44 〕がロマン主義文学として注目を集めた。

☐ ㉖女性の政治運動は〔45 〕第５条で禁止されており、選挙権もなかった。1911年に〔46 〕らが文学者団体〔47 〕を結成し、1920年には〔46 〕と市川房枝らが〔48 〕を設立して女性の地位を高める運動を展開した。

☐ ㉗大正期の演劇界で女優として活躍した〔49 〕はイプセンの『人形の家』のノラ役で知られる。また、音楽界ではオペラ『蝶々夫人』で世界的に有名となった〔50 〕が活躍している。

☐ ㉘太平洋戦争がはじまると、1942年には大日本国防婦人会・愛国婦人会・大日本連合婦人会の３団体を統合した〔51 〕が結成された。また軍需生産を最優先し、男性の労働力不足を補うために、女学生も〔52 〕として軍需工場に動員された。

☐ ㉙戦後はGHQの占領下で、選挙法が改正され女性参政権が認められた。その後、日本国憲法や教育基本法など男女平等を掲げた法令の整備が行なわれた。1985年、中曽根康弘内閣は〔53 〕を成立させ、雇用・配置・昇進に関する男女差別の禁止を義務付けた。

☐ ㉚戦後の歌謡界では並木路子の「リンゴの唄」や笠置シヅ子の「東京ブギウギ」がヒットし、12歳でデビューし天才少女とうたわれた〔54 〕も活躍した。

Summary 生活文化史

① 食文化史

Point 和食文化がどのように確立していったのか、時代背景や料理の特徴に注目する。

時代	食文化のながれ
縄文	狩猟・採集・漁労による食物獲得　※縄文カレンダー
弥生	水稲耕作(ジャポニカ種)の開始、魚の生食(刺身)…「魏志」倭人伝に記載
飛鳥 奈良	肉食禁止令(675年)　※一部の鳥獣は対象外も ・氷(夏季)、蘇(乳製品、牛乳を煮詰める)、醬(醬油に似た調味料) ・庶民の食事は**一汁一菜**が基本、ご飯は玄米
平安	大饗料理…上級貴族が饗応した料理、唐の文化の影響 1日2食(朝・夕) ・貴族…強飯と副食　・庶民…米・雑穀の粥、間食も
鎌倉	**精進料理**…中国へ渡った禅僧により伝わる、野菜や豆腐など植物性の食材を調理
室町 安土桃山	本膳料理…武家が客人を饗応、儀式的要素が強い **懐石料理**…茶の湯の亭主が客人を饗応、**一汁三菜**が基本
江戸	会席料理…酒宴もあり、料亭に集まった客人を饗応 ※元禄時代以降、一日3食が普及 ※流通網の発達により、屋台や飯屋の外食産業が発達(そば・天ぷら・うなぎ・寿司)
明治以降	食肉文化が解禁…**牛鍋**の流行　西欧文化の日本化　カレーライス・コロッケなど
現代	和食文化がユネスコ無形文化遺産に登録(2013年)

② 服装の時代的変遷

Point 用語のみではイメージしにくい。時代ごとに資料集で確認する。

時代	時代の特徴
縄文 弥生	貫頭衣…一枚の布に穴をあけて頭を通す 巻布衣…布を体に巻き付ける
古墳	男性：**袴**(幅広いズボンのようなもの)　女性：**裳**(長いスカートのようなもの)
飛鳥 奈良	大陸文化の影響　※高松塚古墳壁画の男女人物群像 衣服令(718年)　朝廷の儀式…礼服、一般官吏…朝服、庶民の公事…制服
平安 室町	［貴族］男性：正装は**束帯**(略式は**衣冠**)、平服は**直衣**・**狩衣** 女性：正装は**女房装束**(十二単)、平服は小袿・袴 ［庶民］男性：**直垂**・**水干**　女性：**小袖**
安土桃山	男性：肩衣・袴(裃)が流行　女性：**打掛**が流行　庶民は小袖の着流し
江戸	武士は**裃**(肩衣と袴の組み合わせ)を着用
明治以降	宮中の礼服も洋装に、洋服の着用が増加

3 暦の歴史

Point **中国では漢の時代以降、暦法や天文は天命を受け儒教的徳治を実現すべき皇帝の権威を示す学術として、国家機構内に組み込まれた。日本でも天皇の統治権に関わるものとして継承され、受容されていった点に注意する。**

古　墳	干支の使用…大陸より伝来、人々の生活に定着 埼玉県稲荷山古墳出土鉄剣：辛亥年 和歌山県隅田八幡神社人物画像鏡：癸未年
飛　鳥	百済の僧**観勒**や渡来人、**旻**らの留学僧が暦・天文の知識をもたらす
白　鳳	大宝律令の制定…陰陽寮が暦を作成
平安初期	859　渤海使、唐の**宣明暦**をもたらす。以後、約800年間つかわれた
鎌　倉 室　町	仮名暦・版暦 南都暦・三島暦 大宮暦・丹生暦など ｝地方暦が発行され、民間に普及する。これは政治権力の分裂化にともない、幕府が朝廷と並び対抗して造暦したため広がった
江戸初期	1685　**貞享暦**に改暦…江戸幕府碁所の**渋川春海**(安井算哲)が、元の**授時暦**をもとにつくった日本独自の暦
江戸後期	1755　貞享暦を廃し、宝暦甲戌暦を施行 1798　宝暦暦を廃し、**寛政暦**を施行(天文方**高橋至時**)
明治初期	1872. 12　旧暦(太陰太陽暦)を廃して**太陽暦**採用 明治５年12月３日→明治６年１月１日 ※その他の民間の暦…**二十四節気**(立春・夏至・秋分など)や**農事暦**

4 印刷と出版の歴史

Point **古代中国にはじまったという木版印刷が、奈良時代に伝来した。それ以来の印刷・出版と文化の発展を、具体的にたどることが重要である。**

種類	時代	内容
木版印刷	奈　良	**百万塔陀羅尼**…日本最古の印刷物、法隆寺に現存
	鎌　倉 室　町	「春日版」(興福寺) 「**五山版**」(京都五山・鎌倉五山) 「高野版」(高野山) ｝経典や五山文学などを出版　宗教関係が多い
	江　戸	洒落本や草双紙の大量印刷、豪華な暦や浮世絵の印刷 墨刷絵(菱川師宣)→**錦絵**(鈴木春信) 大手出版業者の登場…**蔦屋重三郎**
活字印刷	1590年代	金属活字…イエズス会**ヴァリニャーノ**によって印刷機とともに伝来 全文ローマ字によるキリスト教文学、宗教書の翻訳、日本古典の出版など(**キリシタン版**・天草版)
	慶長年間	木製活字…朝鮮から印刷法とともに伝来、後陽成天皇の勅命で開版(**慶長版本**〈勅版〉)
	1869	**本木昌造**…鉛製活字の量産に成功→活字印刷、本格的に発展

Speed Check!

生活文化史

❶ 食文化史

☐ ①縄文時代の人々は狩猟によって動物性食料を獲得し、植物性食料を〔1　〕し、〔2　〕で貝類や魚類・海獣など獲得するなど、季節の変化に応じて生活をいとなんでいた。

☐ ②灰汁の強い木の実である〔3　〕や〔4　〕は水にさらして灰汁を抜き、殻をわって粉状にしてパンや団子のようにして食していた。

☐ ③縄文時代の〔5　〕からは貝殻や食用にした魚や鳥獣の骨などの他に、埋葬した人骨も出土する。

☐ ④稲の短粒種である〔6　〕種は、中国の長江中・下流域で誕生したのち、朝鮮半島南部を経由して九州北部に伝播したと考えられているが、東シナ海をわたって、直接日本に伝わったという説もある。

☐ ⑤平安時代の貴族は唐文化の影響を受けた大饗料理を儀式などで客人にふるまった。鎌倉時代になると、禅僧の食事で、野菜や豆腐などの植物性食材のみを調理した〔7　〕料理がつくられた。

☐ ⑥茶の湯がさかんになった安土・桃山時代には、茶の湯の亭主が茶をふるまう前に客人をもてなす食事を提供した。これがのちに〔8　〕料理と呼ばれるようになり、一汁三菜が提供された。江戸時代には本膳料理を簡略化し、酒宴がついた会席料理も一般化し、現在も定着している。

☐ ⑦明治時代には欧米諸国の文化が流入し、食肉文化が受け入れられた。特に、牛肉を煮込んだ〔9　〕が流行し、仮名垣魯文の『安愚楽鍋』には「〔9　〕食わねば開化不進奴（ひらけぬやつ）」としるされている。

❷ 服装の時代的変遷

☐ ①古代の服装は縄文時代の土偶や、弥生時代の銅鐸、古墳に並べられた〔10　〕に表現された姿から、当時の衣服や装身具などを推測することができる。

☐ ②「魏志」倭人伝の記述によって、弥生時代には一枚の布の中央に穴をあけて頭を通す〔11　〕や、布を身体に巻き付けた巻布衣などを身につけていたことがわかる。

☐ ③古墳時代の衣服で、女性が身につけていたスカート風のものを〔12　〕、男性がはいていた幅の広いズボン風のものを〔13　〕という。

☐ ④平安時代、男性貴族たちが日常出勤で着用していた正装を〔14　〕と呼び、平服は直衣や本来は狩猟用の衣服であった〔15　〕を着用していた。

☐ ⑤平安時代、宮中の女性の正装で、唐衣や裳をつけた朝服を〔16　〕と呼び、色とりどりの袿を重ねることから〔17　〕とも呼ばれる。

☐ ⑥平安時代以降の庶民の衣服は、男性は〔18　〕や直垂がある。また、袖のつまった小形の袖の衣服を〔19　〕と呼び、女性はこの上に短い腰衣を巻き、男性は袴をはいた。

☐ ⑦江戸時代の武家では、肩衣と袴を組み合わせた〔20　〕を着用して登城し、公務を行なうのが一般化した。

3 暦の歴史

□ ①古墳時代には、埼玉県稲荷山古墳出土の鉄剣銘の「辛亥」や和歌山県隅田八幡神社の人物画像鏡銘の「癸未」など〔21 〕が大陸から伝来し、しだいに人々の生活に定着していった。

□ ②602年、百済の僧〔22 〕は暦法を伝え、本格的な暦の導入がはかられた。そのほか、渡来人や旻らの留学僧によって暦・天文の知識がもたらされた。

□ ③701年、大宝律令がつくられ、律令国家の仕組みがととのった。太政官制の機構のうち、中務省に属した〔23 〕が暦を作成した。

□ ④859年、渤海使によって唐の〔24 〕がもたらされた。〔24 〕が日本で用いられた最後の中国暦法で、以後約800年間つかわれた。

□ ⑤1685年、江戸幕府は〔25 〕がつくった〔26 〕に改暦した。これは元の授時暦をもとにした日本独自の暦であった。

□ ⑥その後、宝暦暦がつくられたが誤差が目立ち、天文方の〔27 〕らが幕命を受けて改暦に着手し寛政暦をつくった。

□ ⑦明治政府は西洋諸国の例にならって〔28 〕を採用し、明治５年12月３日を明治６年１月１日として切り換えをはかった。

4 印刷と出版の歴史

□ ①木版印刷の歴史は百万塔〔29 〕にはじまる。これは仏教の教典〔29 〕経を木版印刷し、100万個の木造小塔内部にそれぞれおさめたもので、称徳天皇の発願によって進められ、〔30 〕にその一部が現存している。これが日本最古の印刷物である。

□ ②鎌倉時代には興福寺から「春日版」が、室町時代には京都五山・鎌倉五山から「〔31 〕」が、高野山から「高野版」が出され、経典や五山文学の出版を行なった。

□ ③1590年にイエズス会の〔32 〕によって、ヨーロッパの金属活字と印刷機がもたらされた。キリシタン版や〔33 〕版と呼ばれる、全文ローマ字による『伊曽保物語』や『平家物語』が出版された。

□ ④慶長年間には、豊臣秀吉の朝鮮侵略の際、朝鮮から木製活字と印刷法がもたらされた。その後、〔34 〕天皇の勅命によって、〔35 〕が出された。

□ ⑤江戸時代後期、庶民文化が発達し江戸の遊里を描いた〔36 〕などの大衆小説が盛行した。これらは版木に裏文字を彫る木版印刷によって大量印刷され、庶民の需要を満たした。

□ ⑥木版印刷の技術は高度化し、〔37 〕版画をうんだ。菱川師宣の一色刷の墨刷絵から、のちに〔38 〕によって多色刷の〔39 〕が創始された。

□ ⑦1869年、〔40 〕は鉛製活字の量産に成功した。これにより、活字印刷がしだいに普及・発展した。

写真・資料提供、協力（五十音順）

飛鳥園、飛鳥寺、明日香村教育委員会、井戸尻考古館、ウイングス・P・E、円覚寺、大浦天主堂、大阪公立大学中百舌鳥図書館、橿原市、唐津市教育委員会、九州国立博物館、京都国立博物館、京都大学総合博物館、京都大学附属図書館、宮内庁京都事務所、宮内庁三の丸尚蔵館、宮内庁正倉院事務所、建仁寺、公益財団法人畠山記念館、公益財団法人横浜市ふるさと歴史財団埋蔵文化財センター、興福寺、神戸市立博物館（Photo：Kobe City Museum／DNPartcom）、國學院大學博物館、国立国会図書館、国立歴史民俗博物館、西芳寺、堺市、佐賀県、慈照寺、島根県立古代出雲歴史博物館、照西寺、市立函館博物館、神宮徴古館、神護寺、大仙院、退蔵院、高山市教育委員会、田中真知郎、田原市博物館、中宮寺、中尊寺、津田塾大学津田梅子資料室、東京国立博物館、東京大学史料編纂所、東京大学総合研究博物館、唐招提寺、東大寺、東北大学考古学研究室、長崎県観光連盟（長崎大司教区許可）、奈良国立博物館、南山大学人類学博物館、日光東照宮、日本近代文学館、根津美術館、浜松市博物館、姫路市、平等院、福岡市埋蔵文化財センター、福島県立博物館、文化庁、便利堂、法隆寺、北海道立埋蔵文化財センター、萬福寺、妙喜庵、宗像大社、室生寺、毛利博物館、薬師寺、ユニフォトプレス、龍安寺、鹿苑寺、早稲田大学演劇博物館、ColBase（https://colbase.nich.go.jp/）、MOA美術館

30日完成（にちかんせい）
スピードマスター日本文化史問題集（にほんぶんかしもんだいしゅう）

2024年2月　初版発行

編　者　東京都歴史教育研究会（とうきょうとれきしきょういくけんきゅうかい）
発行者　野澤　武史
印刷所　株式会社　明祥
製本所　有限会社　穴口製本所
発行所　株式会社　山川出版社
〒101-0047　東京都千代田区内神田1-13-13
電話　03-3293-8131（営業）　03-3293-8135（編集）
https://www.yamakawa.co.jp/

装　幀　水戸部功
本文デザイン　バナナグローブスタジオ

ISBN978-4-634-01227-1　　NYZK0102

30日完成

スピードマスター
日本文化史問題集

解　答

山　川　出　版　社

＊は正解の順序を問わない

1 Speed Check! ✓
旧石器文化／縄文文化

①旧石器文化
□1. 更新世
□2. 氷河時代
□3. マンモス
□4. ナウマンゾウ
□5. 打製石器
□6. 旧石器
□7. 狩猟
□8. 打製石斧
□9. ナイフ形石器
□10. 尖頭器
□11. 細石器

②縄文文化
□12. 完新世
□13. 縄文
□14. 弓矢
□15. 磨製石器
□16. 新石器
□17. 土器
□18. 縄文土器
□19. 6
□20. 漁労
□21. 貝塚
□22. 石鏃
□23. 石匙
□24. 石皿　＊
□25. 磨石　＊
□26. 釣針
□27. 骨角器
□28. 丸木舟
□29. 竪穴住居
□30. 和田峠
□31. 黒曜石
□32. ヒスイ(硬玉)
□33. サヌカイト(讃岐石)
□34. アニミズム
□35. 土偶
□36. 石棒
□37. 抜歯
□38. 屈葬

③主な遺跡
□39. 浜北
□40. 港川
□41. 関東ローム層
□42. 岩宿
□43. 野尻湖
□44. 大森
□45. 加曽利
□46. 三内丸山

2 Speed Check! ✓
弥生文化

①弥生文化
□1. 水稲
□2. 青銅器
□3. 弥生
□4. 板付
□5. 垂柳
□6. 弥生土器
□7. 弥生町
□8. 甕
□9. 壺
□10. 高杯(坏)
□11. 甑
□12. 湿田
□13. 半乾田
□14. 登呂
□15. 木製
□16. 鋤　＊
□17. 鍬　＊
□18. 直播
□19. 石包丁
□20. 穂首刈り
□21. 木臼　＊
□22. 竪杵　＊
□23. 高床倉庫
□24. 田下駄
□25. 大足
□26. 田植え
□27. 鉇
□28. 刀子
□29. 斧
□30. 環濠集落
□31. 大塚
□32. 吉野ヶ里
□33. 唐古・鍵
□34. 高地性集落

②祭祀
□35. 伸展葬
□36. 支石墓
□37. 甕棺墓
□38. 箱式石棺墓
□39. 木棺墓
□40. 土坑墓
□41. 方形周溝墓
□42. 墳丘墓
□43. 銅戈
□44. 銅矛
□45. 銅剣
□46. 銅鐸
□47. 荒神谷
□48. 加茂岩倉

3 Speed Check! ✓
古墳文化

①古墳文化の変遷
□1. 3
□2. 前方後円墳
□3. 大和
□4. ヤマト政権
□5. 終末
□6. 円墳　＊
□7. 方墳　＊
□8. 前方後円墳
□9. 埴輪
□10. 葺石
□11. 円筒埴輪
□12. 形象埴輪
□13. 木棺
□14. 竪穴式
□15. 粘土槨
□16. 横穴式
□17. 玄室
□18. 羨道
□19. 銅鏡
□20. 馬具
□21. 大仙陵古墳(仁徳天皇陵古墳)
□22. 大王
□23. 群集墳
□24. 新沢千塚古墳群
□25. 装飾古墳
□26. 横穴(墓)
□27. 八角墳
□28. 高松塚
□29. キトラ

②古墳時代の生活と信仰
□30. 平地住居

□31. カマド
□32. 土師器
□33. 須恵器
□34. 祈年の祭り
□35. 新嘗の祭り
□36. 禊　*
□37. 祓　*
□38. 太占の法
□39. 盟神探湯
□40. 大神神社
□41. 宗像大社
□42. 氏神
□43. 伊勢神宮
□44. 出雲大社
□45. 住吉大社

❸ 渡来人と大陸文化

□46. 渡来人
□47. 王仁
□48. 阿知使主
□49. 秦氏
□50. 漢字
□51. 隅田八幡神社
□52. 江田船山
□53. 稲荷山
□54. 五経博士
□55. 儒教
□56. 仏教
□57. 552
□58. 上宮聖徳法王帝説
□59. 538
□60. 帝紀
□61. 旧辞

4 Speed Check! ✓

飛鳥文化／白鳳文化

❶ 飛鳥文化

□ 1. 飛鳥
□ 2. 氏寺
□ 3. 飛鳥寺(法興寺)
□ 4. 法隆寺(斑鳩寺)
□ 5. 秦
□ 6. 法隆寺
□ 7. 若草
□ 8. 釈迦三尊像
□ 9. 鞍作鳥(止利仏師)
□10. 救世観音像
□11. 釈迦如来像
□12. 北魏
□13. 半跏思惟像
□14. 百済観音像
□15. 玉虫厨子
□16. 天寿国繡帳
□17. 獅子狩文様錦
□18. 龍首水瓶
□19. エンタシス
□20. 忍冬唐草文様
□21. 曇徴
□22. 観勒
□23. 暦法
□24. 天皇記　*
□25. 国記　*

❷ 白鳳文化

□26. 白鳳文化
□27. 官寺
□28. 大官大寺
□29. 薬師寺
□30. 東塔
□31. 裳階
□32. 蘇我倉山田石川麻呂
□33. 薬師三尊像
□34. 聖観世音菩薩像
□35. 興福寺仏頭
□36. 法隆寺金堂壁画
□37. アジャンター
□38. 敦煌
□39. 高松塚古墳
□40. キトラ古墳
□41. 大津皇子
□42. 懐風藻
□43. 柿本人麻呂
□44. 額田王
□45. 万葉集

❸ 伽藍配置

□46. 塔
□47. 金堂
□48. 講堂
□49. 飛鳥寺
□50. 四天王寺
□51. 法隆寺
□52. 薬師寺

5 Speed Check! ✓

天平文化

❶ 天平文化

□ 1. 聖武
□ 2. 天平文化
□ 3. 遣唐使
□ 4. 鑑真
□ 5. 唐招提寺
□ 6. 講堂
□ 7. 正倉院
□ 8. 校倉造
□ 9. 光明皇太后
□10. 螺鈿紫檀五絃琵琶
□11. シルクロード
□12. 法華堂
□13. 不空羂索観音像
□14. 日光・月光菩薩像
□15. 阿修羅像
□16. 鑑真和上像
□17. 乾漆像
□18. 執金剛神像
□19. 塑像
□20. 吉祥天像
□21. 鳥毛立女屛風
□22. 百万塔
□23. 百万塔陀羅尼
□24. 古事記
□25. 稗田阿礼
□26. 太安万侶(安麻呂)
□27. 日本書紀
□28. 舎人親王
□29. 六国史
□30. 風土記
□31. 出雲国風土記
□32. 淡海三船
□33. 芸亭
□34. 石上宅嗣
□35. 懐風藻
□36. 万葉集
□37. 東歌
□38. 万葉仮名
□39. 山上憶良
□40. 山部赤人
□41. 大伴家持
□42. 大学
□43. 国学
□44. 明経道

② 国家仏教

□45. 鎮護国家
□46. 南都七大寺
□47. 南都六宗
□48. 三論
□49. 華厳
□50. 律
□51. 戒律
□52. 戒壇
□53. 僧尼令
□54. 行基
□55. 大仏(盧舎那仏)
□56. 菩提僊那
□57. 悲田院
□58. 和気広虫
□59. 道鏡

6 Speed Check! ✓
弘仁・貞観文化

① 弘仁・貞観文化

□ 1. 唐
□ 2. 弘仁・貞観文化
□ 3. 嵯峨
□ 4. 凌雲集
□ 5. 文華秀麗集
□ 6. 経国集
□ 7. 文鏡秘府論
□ 8. 性霊集
□ 9. 嵯峨
□10. 橘逸勢
□11. 三筆
□12. 風信帖
□13. 大師流
□14. 続日本紀
□15. 日本三代実録
□16. 六国史
□17. 類聚国史
□18. 紀伝道
□19. 大学別曹
□20. 勧学院
□21. 学館院
□22. 奨学院
□23. 綜芸種智院
□24. 儀式
□25. 日本霊異記

② 平安仏教と密教芸術

□26. 天台宗
□27. 法華経
□28. 延暦寺
□29. 大乗戒壇
□30. 山家学生式
□31. 顕戒論
□32. 真言宗
□33. 密教
□34. 顕教
□35. 三教指帰
□36. 十住心論
□37. 金剛峯寺
□38. 教王護国寺(東寺)
□39. 東密
□40. 台密
□41. 山門派
□42. 園城寺(三井寺)
□43. 寺門派
□44. 修験道
□45. 神仏習合
□46. 神宮寺
□47. 室生寺
□48. 一木造
□49. 翻波式
□50. 如意輪観音像
□51. 薬師如来像
□52. 僧形八幡神像
□53. 黄不動
□54. 曼荼羅
□55. 神護寺

7 Speed Check! ✓
国風文化 I

① 国風文化

□ 1. 国風文化
□ 2. 寝殿造
□ 3. 東三条殿
□ 4. 大和絵
□ 5. 巨勢金岡
□ 6. 蒔絵
□ 7. 螺鈿
□ 8. 和様
□ 9. 三跡(蹟)
□10. 小野道風
□11. 藤原行成
□12. 離洛帖
□13. 世尊寺流
□14. 本朝文粋
□15. 源順
□16. 倭(和)名類聚抄

② 浄土教信仰と浄土教芸術

□17. 加持祈禱
□18. 本地垂迹説
□19. 御霊会
□20. 祇園社(八坂神社)
□21. 北野天満宮
□22. 浄土教
□23. 聖
□24. 空也
□25. 市聖
□26. 源信
□27. 往生要集
□28. 往生伝
□29. 慶滋保胤
□30. 拾遺往生伝
□31. 末法思想
□32. 1052
□33. 阿弥陀堂
□34. 藤原道長
□35. 平等院鳳凰堂
□36. 定朝
□37. 寄木造
□38. 法界寺
□39. 来迎図
□40. 高野山

③ 貴族と庶民の生活文化

□41. 束帯
□42. 衣冠
□43. 直衣
□44. 十二単
□45. 女房装束
□46. 小袿
□47. 麻
□48. 水干
□49. 小袖
□50. 元服
□51. 裳着
□52. 年中行事
□53. 西宮記
□54. 北山抄
□55. 小右記
□56. 御堂関白記
□57. 陰陽道
□58. 物忌
□59. 方違

8 Speed Check! ✓
国風文化Ⅱ／院政期の文化

1 国文学の発展

□ 1. かな文字
□ 2. 国文学
□ 3. 平がな
□ 4. 女手
□ 5. いろは歌
□ 6. 片かな
□ 7. 竹取物語
□ 8. 歌物語
□ 9. 伊勢物語
□10. 宇津保物語
□11. 落窪物語
□12. 紫式部
□13. 彰子
□14. 源氏物語
□15. 枕草子
□16. 清少納言
□17. 紀貫之
□18. 土佐日記
□19. 藤原道綱の母
□20. 蜻蛉日記
□21. 更級日記
□22. 醍醐天皇
□23. 古今和歌集
□24. 八代集
□25. 古今調
□26. 仮名序
□27. 在原業平
□28. 六歌仙
□29. 和漢朗詠集

2 院政期の文化／地方文化の発展

□30. 白拍子
□31. 今様
□32. 猿楽
□33. 後白河上皇
□34. 催馬楽
□35. 梁塵秘抄
□36. 田楽
□37. 今昔物語集
□38. 和漢混淆文
□39. 将門記
□40. 陸奥話記
□41. 軍記物語
□42. 大鏡
□43. 今鏡
□44. 絵巻物
□45. 源氏物語絵巻
□46. 吹抜屋台
□47. 伴大納言絵巻
□48. 信貴山縁起絵巻
□49. 鳥獣人物戯画
□50. 扇面古写経
□51. 聖
□52. 白水阿弥陀堂
□53. 富貴寺大堂
□54. 平泉
□55. 中尊寺金色堂
□56. 毛越寺
□57. 三仏寺
□58. 臼杵
□59. 厳島神社
□60. 平家納経

9 Speed Check! ✓
鎌倉文化Ⅰ

1 鎌倉仏教

□ 1. 念仏
□ 2. 専修念仏
□ 3. 浄土宗
□ 4. 選択本願念仏集
□ 5. 知恩院
□ 6. 親鸞
□ 7. 悪人正機
□ 8. 教行信証
□ 9. 歎異抄
□10. 本願寺
□11. 一遍
□12. 清浄光寺
□13. 踊念仏
□14. 一遍上人絵伝（一遍聖絵）
□15. 一遍上人語録
□16. 題目
□17. 日蓮宗（法華宗）
□18. 立正安国論
□19. 久遠寺
□20. 坐禅
□21. 禅宗
□22. 栄西
□23. 興禅護国論
□24. 蘭溪道隆
□25. 無学祖元
□26. 只管打坐
□27. 道元
□28. 永平寺
□29. 正法眼蔵
□30. 貞慶
□31. 明恵（高弁）
□32. 叡尊
□33. 北山十八間戸

2 鎌倉時代の学問・思想・文学

□34. 有職故実
□35. 禁秘抄
□36. 宋学（朱子学）
□37. 度会家行
□38. 伊勢神道（度会神道）
□39. 慈円
□40. 吾妻鏡
□41. 虎関師錬
□42. 金沢実時
□43. 金沢文庫
□44. 西行
□45. 藤原定家
□46. 新古今和歌集
□47. 金槐和歌集
□48. 沙石集
□49. 古今著聞集
□50. 鴨長明
□51. 兼好法師
□52. 十六夜日記
□53. 東関紀行
□54. 軍記物語
□55. 平家物語
□56. 琵琶法師

10 Speed Check! ✓
鎌倉文化Ⅱ

1 鎌倉時代の美術工芸

□ 1. 重源
□ 2. 大仏様
□ 3. 南大門
□ 4. 陳和卿
□ 5. 舎利殿
□ 6. 禅宗様（唐様）
□ 7. 蓮華王院本堂（三十三間堂）
□ 8. 和様
□ 9. 折衷様
□10. 観心寺金堂
□11. 奈良仏師

□12. 運慶
□13. 無著像・世親像
□14. 快慶
□15. 僧形八幡神像
□16. 東大寺南大門金剛力士像
□17. 天灯鬼像・龍灯鬼像
□18. 空也上人像
□19. 重源上人像
□20. 上杉重房像
□21. 高徳院阿弥陀如来坐像
□22. 北野天神縁起絵巻
□23. 粉河寺縁起絵巻
□24. 石山寺縁起絵巻
□25. 春日権現験記絵
□26. 法然上人絵伝
□27. 一遍上人絵伝(一遍聖絵)
□28. 地獄草紙
□29. 餓鬼草紙
□30. 後三年合戦絵巻
□31. 平治物語絵巻
□32. 蒙古襲来絵詞
□33. 男衾三郎絵巻
□34. 似絵
□35. 藤原隆信
□36. 平重盛像
□37. 藤原信実
□38. 鏡御影
□39. 頂相
□40. 明恵上人樹上坐禅図
□41. 青蓮院流
□42. 鷹巣帖
□43. 藤四郎吉光
□44. 正宗
□45. 長光
□46. 瀬戸焼

11 Speed Check! ✓

室町文化 I

① 動乱期の文化

□ 1. 建武年中行事
□ 2. 増鏡
□ 3. 北畠親房
□ 4. 神皇正統記
□ 5. 梅松論
□ 6. 太平記
□ 7. 太平記読み
□ 8. 難太平記
□ 9. 曽我物語
□10. 新葉和歌集
□11. 連歌
□12. 菟玖波集
□13. 二条良基
□14. 慕帰絵詞
□15. 西芳寺
□16. 闘茶
□17. 茶寄合
□18. バサラ

② 室町文化の成立

□19. 足利義満
□20. 金閣
□21. 北山文化
□22. 夢窓疎石
□23. 天龍寺
□24. 官寺の制
□25. 五山
□26. 十刹
□27. 南禅寺
□28. 建長寺
□29. 五山文学
□30. 義堂周信
□31. 絶海中津
□32. 五山版
□33. 能
□34. 大和猿楽四座
□35. 観阿弥
□36. 世阿弥
□37. 猿楽能
□38. 謡曲
□39. 風姿花伝(花伝書)
□40. 鹿苑寺
□41. 寝殿造
□42. 禅宗様
□43. 興福寺五重塔
□44. 水墨画
□45. 山水画
□46. 明兆
□47. 如拙
□48. 周文

12 Speed Check! ✓

室町文化 II

① 室町文化の展開

□ 1. 足利義政
□ 2. 銀閣
□ 3. 東山文化
□ 4. 林下
□ 5. 一休宗純
□ 6. 蓮如(兼寿)
□ 7. 講
□ 8. 石山本願寺
□ 9. 加賀の一向一揆
□10. 日親
□11. 法華一揆
□12. 天文法華の乱
□13. 唯一神道
□14. 吉田兼倶
□15. 一条兼良
□16. 公事根源
□17. 樵談治要
□18. 狂言
□19. 幸若舞
□20. 古浄瑠璃
□21. 閑吟集
□22. 風流
□23. 念仏踊り
□24. 盆踊り
□25. 宗祇
□26. 正風連歌
□27. 新撰菟玖波集
□28. 宗鑑
□29. 犬筑波集
□30. 俳諧連歌
□31. 古今伝授
□32. 御伽草子
□33. 物くさ太郎
□34. 侘茶
□35. 村田珠光
□36. 武野紹鷗
□37. 池坊専慶
□38. 書院造
□39. 東求堂同仁斎
□40. 慈照寺
□41. 禅宗様
□42. 龍安寺庭園(石庭)
□43. 大仙院庭園
□44. 雪舟
□45. 四季山水図巻(山水長巻)
□46. 土佐光信
□47. 狩野正信
□48. 狩野元信
□49. 後藤祐乗

□50. 桂庵玄樹
□51. 薩南学派
□52. 南村梅軒
□53. 南学(海南学派)
□54. 上杉憲実
□55. 足利学校
□56. 庭訓往来
□57. 節用集

13 Speed Check! ✓
近世初期の文化

① 桃山文化
□ 1. 城郭建築
□ 2. 天守閣
□ 3. 書院造
□ 4. 平城
□ 5. 姫路城
□ 6. 平山城
□ 7. 障壁画
□ 8. 濃絵
□ 9. 聚楽第
□10. 飛雲閣
□11. 伏見城
□12. 都久夫須麻神社本殿
□13. 狩野永徳
□14. 洛中洛外図屏風
□15. 唐獅子図屏風
□16. 狩野山楽
□17. 松鷹図
□18. 松林図屏風
□19. 長谷川等伯
□20. 海北友松
□21. 山水図屏風
□22. 花下遊楽図屏風
□23. 狩野長信
□24. 高雄観楓図屏風
□25. 高台寺蒔絵
□26. 活字印刷術
□27. 慶長版本(勅版)
□28. 侘茶
□29. 茶道
□30. 北野大茶湯
□31. 妙喜庵茶室(待庵)
□32. 織田有楽斎
□33. 如庵
□34. 古田織部
□35. 小堀遠州
□36. 出雲お国(阿国)
□37. 阿国歌舞伎(かぶき踊り)
□38. 女歌舞伎
□39. 三味線
□40. 人形浄瑠璃
□41. 高三隆達
□42. 隆達節
□43. 南蛮屏風
□44. ヴァリニャーノ
□45. キリシタン版(天草版)
□46. 小袖
□47. 腰巻

② 寛永期の文化
□48. 寛永
□49. 日光東照宮
□50. 権現造
□51. 桂離宮
□52. 八条宮智仁親王
□53. 万福寺
□54. 舟橋蒔絵硯箱
□55. 本阿弥光悦
□56. 萩焼
□57. 高取焼
□58. 有田
□59. 酒井田柿右衛門
□60. 赤絵

14 Speed Check! ✓
近世の学問・思想

① 儒学の興隆
□ 1. 朱子学
□ 2. 藤原惺窩
□ 3. 京学
□ 4. 林鳳岡(信篤)
□ 5. 大学頭
□ 6. 木下順庵
□ 7. 新井白石
□ 8. 室鳩巣
□ 9. 南学(海南学派)
□10. 山崎闇斎
□11. 正学
□12. 陽明学
□13. 柴野栗山
□14. 寛政の三博士
□15. 中江藤樹
□16. 熊沢蕃山
□17. 池田光政
□18. 大学或問
□19. 聖教要録
□20. 伊藤仁斎
□21. 伊藤東涯
□22. 荻生徂徠
□23. 古文辞
□24. 経世論
□25. 太宰春台
□26. 尊王論
□27. 宝暦事件
□28. 山県大弐
□29. 藤田東湖
□30. 会沢安(正志斎)
□31. 水戸学
□32. 自然真営道
□33. 海保青陵
□34. 本多利明
□35. 経済要録
□36. 出定後語
□37. 夢の代
□38. 赤蝦夷風説考
□39. 海国兵談

② 学問の発達
□40. 林鵞峰
□41. 本朝通鑑
□42. 徳川光圀
□43. 大義名分
□44. 折たく柴の記
□45. 藩翰譜
□46. 塵劫記
□47. 発微算法
□48. 本草学(博物学)
□49. 貞享暦
□50. シドッチ
□51. 西川如見
□52. 創学校啓
□53. 古道説
□54. ターヘル=アナトミア
□55. 暦象新書
□56. 大槻玄沢
□57. 寛政暦
□58. 高橋景保
□59. 稲村三伯
□60. ハルマ和解

15 Speed Check! ✓
元禄文化

❶文学・生活・宗教
□ 1. 元禄文化
□ 2. 町人文芸
□ 3. 浮き世
□ 4. 御伽草子
□ 5. 仮名草子
□ 6. 浮世草子
□ 7. 井原西鶴
□ 8. 世間胸算用
□ 9. 西山宗因
□10. 蕉風(正風)俳諧
□11. 奥の細道
□12. 三味線
□13. 義太夫節
□14. 国性(姓)爺合戦
□15. 曽根崎心中
□16. 野郎歌舞伎
□17. 芝居小屋
□18. 女形
□19. 坂田藤十郎
□20. 市川団十郎
□21. 荒事
□22. 元禄小袖(振袖)
□23. ２
□24. 土蔵
□25. 隠元隆琦
□26. 黄檗宗

❷元禄美術
□27. 上方
□28. 土佐派
□29. 土佐光起
□30. 住吉具慶
□31. 御用絵師
□32. 洛中洛外図巻
□33. 尾形光琳
□34. 燕子花図屛風
□35. 菱川師宣
□36. 見返り美人図
□37. 八橋蒔絵螺鈿硯箱
□38. 宮崎友禅
□39. 鉈
□40. 円空
□41. 護法神像
□42. 京焼
□43. 色絵
□44. 野々村仁清
□45. 色絵藤花文茶壷
□46. 尾形乾山
□47. 後楽園
□48. 六義園

16 Speed Check! ✓
宝暦・天明期の文化／化政文化

❶宝暦・天明期の文化
□ 1. 貸本屋
□ 2. 草双紙
□ 3. 洒落本
□ 4. 山東京伝
□ 5. 蔦屋重三郎
□ 6. 寛政の改革
□ 7. 黄表紙
□ 8. 恋川春町
□ 9. 寛政の改革
□10. 上田秋成
□11. 与謝蕪村
□12. 川柳
□13. 柄井川柳
□14. 誹風柳多留
□15. 狂歌
□16. 大田南畝(蜀山人)
□17. 竹田出雲(２世)
□18. 近松半二
□19. 唄浄瑠璃
□20. 江戸三座
□21. 浮世絵
□22. 錦絵
□23. 喜多川歌麿
□24. 東洲斎写楽
□25. 円山応挙
□26. 文人画
□27. 池大雅
□28. 司馬江漢
□29. 亜欧堂田善

❷化政文化
□30. 徳川家斉
□31. 滑稽本
□32. 十返舎一九
□33. 式亭三馬
□34. 人情本
□35. 為永春水
□36. 天保の改革
□37. 合巻
□38. 柳亭種彦
□39. 偐紫田舎源氏
□40. 曲亭馬琴
□41. 南総里見八犬伝
□42. 小林一茶
□43. 香川景樹
□44. 良寛
□45. 北越雪譜
□46. 葛飾北斎
□47. 歌川広重
□48. 歌川国芳
□49. 呉春(松村月溪)
□50. 渡辺崋山
□51. 芝居小屋
□52. 鶴屋南北
□53. 河竹黙阿弥
□54. 寄席
□55. 村芝居(地芝居)
□56. 開帳
□57. 巡礼
□58. 日待
□59. 庚申講

17 Speed Check! ✓
文明開化と明治の文化 I

❶文明開化期の文化
□ 1. 文明開化
□ 2. 中村正直
□ 3. 福沢諭吉
□ 4. 中江兆民
□ 5. 天賦人権
□ 6. 文部省
□ 7. 学制
□ 8. 教育令
□ 9. 東京大学
□10. 師範学校
□11. 福沢諭吉
□12. 新島襄
□13. 神仏分離令
□14. 廃仏毀釈
□15. 神祇官
□16. 大教宣布の詔
□17. 浦上教徒弾圧事件
□18. 本木昌造
□19. 横浜毎日新聞
□20. 明六社

□21. 明六雑誌
□22. 太陽暦
□23. 紀元節
□24. 天長節
□25. ざんぎり頭
□26. 鉄道馬車
□27. ガス灯

2 明治の文化

□28. 民友社
□29. 国民之友
□30. 政教社
□31. 日本
□32. 高山樗牛
□33. 日本主義
□34. 島地黙雷
□35. 森有礼
□36. 学校令
□37. 義務教育
□38. 6
□39. 教育勅語(「教育に関する勅語」)
□40. 内村鑑三
□41. 国定教科書
□42. ボアソナード
□43. ドイツ
□44. 日本開化小史
□45. 久米邦武
□46. 北里柴三郎
□47. 志賀潔
□48. 高峰譲吉
□49. 鈴木梅太郎
□50. 秦佐八郎
□51. 長岡半太郎
□52. 大森房吉
□53. 木村栄
□54. モース
□55. 大森貝塚
□56. ナウマン
□57. ケプロン
□58. クラーク
□59. 札幌農学校
□60. ベルツ

18 Speed Check! ✓
明治の文化Ⅱ

1 ジャーナリズムの発達と近代文学の成立

□ 1. 万朝報
□ 2. 郵便報知新聞
□ 3. 東京日日新聞
□ 4. 日本人
□ 5. 太陽
□ 6. 中央公論
□ 7. 戯作文学
□ 8. 安愚楽鍋
□ 9. 政治小説
□10. 経国美談
□11. 佳人之奇遇
□12. 小説神髄
□13. 二葉亭四迷
□14. 硯友社
□15. 我楽多文庫
□16. 五重塔
□17. 文学界
□18. ロマン主義
□19. 樋口一葉
□20. 舞姫
□21. 若菜集
□22. 与謝野晶子
□23. ホトトギス
□24. アララギ
□25. 徳冨蘆花
□26. 不如帰
□27. 自然主義
□28. 国木田独歩
□29. 田山花袋
□30. 島崎藤村
□31. 夜明け前
□32. 徳田秋声
□33. 石川啄木
□34. 吾輩は猫である
□35. 坊っちゃん
□36. 白樺
□37. 青鞜

2 近代芸術の発達

□38. 河竹黙阿弥
□39. 団菊左
□40. 新派劇
□41. 文芸協会
□42. 自由劇場
□43. 伊沢修二
□44. 東京音楽学校
□45. 滝廉太郎
□46. 東京美術学校
□47. フェノロサ
□48. 浅井忠
□49. 黒田清輝
□50. 日本美術院
□51. 文部省美術展覧会(文展)
□52. 帝国美術院展覧会(帝展)
□53. 木彫
□54. 彫塑

19 Speed Check! ✓
大正の文化

1 大正デモクラシー

□ 1. 美濃部達吉
□ 2. 天皇機関説
□ 3. 吉野作造
□ 4. 民本主義
□ 5. 黎明会
□ 6. 新人会
□ 7. 我等
□ 8. 福田徳三
□ 9. 河上肇
□10. 貧乏物語
□11. 北一輝
□12. 国家社会

2 大衆文化の登場

□13. 大衆
□14. 義務教育
□15. 大学令
□16. 総合雑誌
□17. 円本
□18. キング
□19. ラジオ放送
□20. 日本放送協会(NHK)
□21. 映画
□22. 文化住宅
□23. 地下鉄
□24. ターミナルデパート
□25. 理化学研究所
□26. 航空研究所
□27. 黄熱病
□28. 本多光太郎
□29. 善の研究
□30. 津田左右吉

□31. 神代史の研究
□32. 民俗学
□33. 白樺
□34. 志賀直哉
□35. 有島武郎
□36. 永井荷風
□37. 痴人の愛
□38. 新思潮
□39. 芥川龍之介
□40. 菊池寛
□41. プロレタリア文学
□42. 葉山嘉樹
□43. 蟹工船
□44. 太陽のない街
□45. 大菩薩峠
□46. 吉川英治
□47. 芸術座
□48. 復活
□49. 小山内薫
□50. 築地小劇場
□51. 山田耕筰
□52. 二科会
□53. 春陽会
□54. 横山大観

20 Speed Check! ✓
昭和・平成の文化

① 戦前の文化
□ 1. 国家社会
□ 2. 転向
□ 3. 赤松克麿
□ 4. 社会大衆党
□ 5. 鍋山貞親
□ 6. 森戸辰男
□ 7. 滝川幸辰
□ 8. 美濃部達吉
□ 9. 天皇機関説
□10. 国体明徴声明
□11. 矢内原忠雄
□12. 河合栄治郎
□13. 津田左右吉

② 戦後の文化
□14. アメリカ教育使節団
□15. 教育基本法
□16. 学校教育法
□17. 教育委員会
□18. 中央公論
□19. 日本放送協会(NHK)
□20. ラジオ放送
□21. 法隆寺金堂壁画
□22. 文化財保護法
□23. 文化勲章
□24. 登呂遺跡
□25. 岩宿遺跡
□26. 政治学
□27. 湯川秀樹
□28. 日本学術会議
□29. リンゴの唄
□30. 黒澤明
□31. 武道
□32. プロ野球
□33. 三種の神器
□34. ３C(新三種の神器)
□35. 東海道新幹線
□36. 瀬戸大橋
□37. 新東京国際空港
□38. 公害対策基本法
□39. 環境庁
□40. 文化庁
□41. 南極観測
□42. 原子力研究所
□43. 朝永振一郎
□44. 大江健三郎
□45. 日本万国博覧会(大阪万博)
□46. 国際科学技術博覧会(つくば万博)
□47. 太宰治
□48. 三島由紀夫
□49. 井上靖
□50. 松本清張

21 Speed Check! ✓
教育史

① 古代～近世の教育史
□ 1. 大学
□ 2. 国学
□ 3. 芸亭
□ 4. 大学別曹
□ 5. 藤原氏
□ 6. 和気氏
□ 7. 橘氏
□ 8. 在原氏
□ 9. 綜芸種智院
□10. 金沢文庫
□11. 足利学校
□12. 上杉憲実
□13. 庭訓往来
□14. 節用集
□15. 閑谷学校
□16. 花畠教場
□17. 中江藤樹
□18. 藤樹書院
□19. 洗心洞
□20. 古義堂
□21. 蘐園塾
□22. 古文辞学
□23. 太宰春台
□24. 懐徳堂
□25. 咸宜園
□26. 大槻玄沢
□27. 芝蘭堂
□28. 緒方洪庵
□29. 適々斎塾(適塾)
□30. シーボルト
□31. 鳴滝塾
□32. 聖堂学問所
□33. 昌平坂学問所
□34. 興譲館
□35. 日新館
□36. 弘道館
□37. 寺子屋
□38. 心学

② 近代教育史
□39. フランス
□40. 学制
□41. 東京大学
□42. アメリカ
□43. 教育令
□44. 森有礼
□45. 学校令
□46. 井上毅
□47. 忠君愛国
□48. 国定教科書
□49. ６
□50. 戊申詔書
□51. 慶応義塾
□52. 同志社(同志社英学校)
□53. 東京専門学校
□54. 国民学校
□55. 修身
□56. 教育基本法

□57. 9
□58. 学校教育法
□59. 教育委員会
□60. 任命制

22 Speed Check! ✓
芸能・演劇史

① 演劇の歴史

□ 1. 伎楽
□ 2. 散楽
□ 3. 猿楽
□ 4. 田楽
□ 5. 今様
□ 6. 後白河上皇
□ 7. 金春
□ 8. 観阿弥
□ 9. 風姿花伝(花伝書)
□10. 謡曲
□11. 狂言
□12. 三味線
□13. 人形浄瑠璃
□14. 竹本義太夫
□15. 世話物
□16. 曽根崎心中
□17. 辰松八郎兵衛
□18. 竹田出雲(2世)
□19. 近松半二
□20. 唄浄瑠璃(座敷浄瑠璃)
□21. 出雲お国(阿国)
□22. 若衆歌舞伎
□23. 坂田藤十郎
□24. 荒事
□25. 中村座
□26. 鶴屋南北
□27. 白浪物
□28. 団菊左時代
□29. 川上音二郎
□30. 新派劇
□31. 島村抱月
□32. 松井須磨子
□33. 小山内薫
□34. 築地小劇場

② 書道・茶道・花道・香道の歴史

□35. 風信帖
□36. 橘逸勢
□37. 唐風
□38. 小野道風
□39. 三跡(蹟)
□40. 離洛帖
□41. 尊円入道親王
□42. 青蓮院
□43. 栄西
□44. 闘茶
□45. 村田珠光
□46. 侘茶
□47. 武野紹鷗
□48. 妙喜庵茶室(待庵)
□49. 織田有楽斎
□50. 北野大茶湯
□51. 立花
□52. 池坊専慶

23 Speed Check! ✓
宗教史Ⅰ

① 古代の仏教

□ 1. 聖明王(聖王、明王)
□ 2. 上宮聖徳法王帝説
□ 3. 日本書紀
□ 4. 氏寺
□ 5. 飛鳥寺(法興寺)
□ 6. 四天王寺
□ 7. 法隆寺(斑鳩寺)
□ 8. 興福寺
□ 9. 良弁
□10. 鑑真
□11. 鎮護国家
□12. 金光明四天王護国之寺
□13. 法華滅罪之寺
□14. 大仏造立の詔
□15. 最澄
□16. 比叡山
□17. 延暦寺
□18. 円仁
□19. 園城寺(三井寺)
□20. 円珍
□21. 真言宗
□22. 教王護国寺(東寺)
□23. 東密
□24. 曼荼羅
□25. 末法
□26. 往生要集
□27. 六波羅蜜寺
□28. 空也
□29. 慶滋保胤

② 中世の仏教

□30. 一遍
□31. 踊念仏
□32. 親鸞
□33. 立正安国論
□34. 華厳
□35. 叡尊
□36. 北山十八間戸
□37. 栄西
□38. 公案
□39. 只管打坐
□40. 正法眼蔵
□41. 夢窓疎石
□42. 林下
□43. 無学祖元
□44. 円覚寺
□45. 蘭溪道隆
□46. 建長寺
□47. 吉崎道場
□48. 寺内町
□49. 御文
□50. 加賀の一向一揆
□51. 天文法華の乱

③ 近世・近代の仏教

□52. 隠元隆琦
□53. 黄檗宗
□54. 万福寺
□55. 諸宗寺院法度
□56. 寺社奉行
□57. 不受不施派

24 Speed Check! ✓
宗教史Ⅱ

① 神道の歴史

□ 1. 沖ノ島
□ 2. 宗像大社
□ 3. 伊勢神宮
□ 4. 神仏習合
□ 5. 神宮寺
□ 6. 僧形八幡神像
□ 7. 本地垂迹説
□ 8. 神本仏迹説(反本地垂迹説)
□ 9. 度会家行
□10. 類聚神祇本源
□11. 吉田兼倶
□12. 諸社禰宜神主法度

□13. 吉川惟足
□14. 山崎闇斎
□15. 御蔭参り
□16. 金毘羅宮
□17. 平田篤胤
□18. 復古神道
□19. 中山みき
□20. 金光教
□21. 教派神道
□22. 神仏分離令
□23. 廃仏毀釈

2 キリスト教の歴史

□24. イエズス
□25. フランシスコ＝ザビエル
□26. 南蛮寺
□27. コレジオ
□28. キリシタン大名
□29. 大友義鎮(宗麟)
□30. ヴァリニャーノ
□31. 天正遣欧使節
□32. バテレン追放令
□33. サン＝フェリペ号事件
□34. 26聖人殉教
□35. 高山右近
□36. 元和の大殉教
□37. 絵踏
□38. 宗門改め
□39. 寺請証文
□40. 浦上教徒弾圧事件
□41. 新渡戸稲造
□42. ジェーンズ
□43. 海老名弾正

3 民間信仰

□44. 陰陽道
□45. 修験道
□46. 庚申講
□47. 庚申塔
□48. 月待

25 Speed Check! ✓
美術史Ⅰ(絵画・彫刻)

1 古代～中世の絵画・彫刻史

□ 1. 釈迦三尊像
□ 2. 百済観音像
□ 3. 法隆寺玉虫厨子
□ 4. 興福寺仏頭
□ 5. 高松塚古墳壁画
□ 6. 塑像
□ 7. 乾漆像
□ 8. 四天王像
□ 9. 不空羂索観音像
□10. 吉祥天像
□11. 一木造
□12. 室生寺釈迦如来坐像
□13. 神護寺両界曼荼羅
□14. 定朝
□15. 寄木造
□16. 阿弥陀聖衆来迎図
□17. 大和絵
□18. 扇面古写経
□19. 源氏物語絵巻
□20. 伴大納言絵巻
□21. 北野天神縁起絵巻 ＊
□22. 春日権現験記絵 ＊
□23. 一遍上人絵伝(一遍聖絵)
□24. 法然上人絵伝
□25. 慶派
□26. 東大寺南大門金剛力士像
□27. 藤原隆信
□28. 雪舟
□29. 四季山水図巻(山水長巻)
□30. 狩野派

2 近世～近代の絵画・彫刻史

□31. 濃絵
□32. 狩野永徳
□33. 南蛮屛風
□34. 狩野探幽
□35. 土佐光起
□36. 住吉具慶
□37. 俵屋宗達
□38. 風神雷神図屛風
□39. 尾形光琳
□40. 菱川師宣
□41. 錦絵
□42. 喜多川歌麿
□43. 東洲斎写楽
□44. 葛飾北斎
□45. 歌川広重
□46. 文人画
□47. 十便十宜図
□48. 司馬江漢
□49. 不忍池図
□50. フェノロサ
□51. 岡倉天心
□52. 悲母観音
□53. 狩野芳崖
□54. 明治美術会
□55. 黒田清輝
□56. 白馬会
□57. 読書
□58. 老猿
□59. 荻原守衛
□60. 朝倉文夫

26 Speed Check! ✓
美術史Ⅱ(建築・工芸・焼き物)

1 古代～近代の建築史

□ 1. 神明造
□ 2. 大社造
□ 3. 住吉造
□ 4. 法隆寺
□ 5. 薬師寺
□ 6. 東大寺法華堂
□ 7. 唐招提寺講堂
□ 8. 正倉院宝庫
□ 9. 校倉造
□10. 室生寺
□11. 白木造
□12. 寝殿造
□13. 平等院鳳凰堂
□14. 中尊寺
□15. 毛越寺
□16. 白水阿弥陀堂
□17. 富貴寺大堂
□18. 大仏様
□19. 禅宗様(唐様)
□20. 石山寺多宝塔
□21. 蓮華王院本堂
□22. 折衷様
□23. 寝殿造
□24. 鹿苑寺金閣
□25. 寝殿造
□26. 禅宗様
□27. 慈照寺銀閣
□28. 書院造
□29. 枯山水
□30. 龍安寺
□31. 大徳寺唐門 ＊
□32. 西本願寺飛雲閣 ＊
□33. 都久夫須麻神社本殿

□34. 数寄屋造
□35. 桂離宮　＊
□36. 修学院離宮　＊
□37. 日光東照宮
□38. 権現造
□39. コンドル
□40. 辰野金吾
□41. 片山東熊

② 工芸と「焼き物」の歴史

□42. 土師器
□43. 須恵器
□44. 法隆寺玉虫厨子
□45. 天寿国繡帳
□46. 正倉院宝物
□47. 螺鈿紫檀五絃琵琶
□48. 明珍
□49. 正宗
□50. 藤四郎吉光
□51. 瀬戸焼
□52. 本阿弥光悦
□53. 酒井田柿右衛門
□54. 色絵花鳥文深鉢
□55. 尾形光琳
□56. 八橋蒔絵螺鈿硯箱
□57. 野々村仁清
□58. 有田焼(伊万里焼)
□59. 薩摩焼
□60. 西陣織

27 Speed Check! ✓
文学史

① 古代社会の形成と文学

□ 1. 稲荷山
□ 2. 隅田八幡神社
□ 3. 大津皇子
□ 4. 柿本人麻呂
□ 5. 額田王
□ 6. 淡海三船　＊
□ 7. 石上宅嗣　＊
□ 8. 懐風藻
□ 9. 山上憶良
□10. 万葉集
□11. 万葉仮名
□12. 凌雲集
□13. 文華秀麗集
□14. かな
□15. 古今和歌集
□16. 紀貫之
□17. 竹取物語
□18. 伊勢物語
□19. 源氏物語
□20. 清少納言
□21. 土佐日記
□22. 蜻蛉日記
□23. 更級日記

② 中世社会の展開と文学

□24. 今様
□25. 梁塵秘抄
□26. 今昔物語集
□27. 山家集
□28. 鴨長明
□29. 愚管抄
□30. 新古今和歌集
□31. 金槐和歌集
□32. 平家物語
□33. 古今著聞集
□34. 徒然草
□35. 神皇正統記
□36. 太平記
□37. 五山文学
□38. 二条良基
□39. 宗祇
□40. 宗鑑

③ 近世社会の成熟と文学

□41. 井原西鶴
□42. 松尾芭蕉
□43. 近松門左衛門
□44. 洒落本
□45. 黄表紙
□46. 山東京伝
□47. 式亭三馬
□48. 為永春水
□49. 読本
□50. 曲亭馬琴
□51. 小林一茶

28 Speed Check! ✓
史学と儒学

① 歴史編纂と史書

□ 1. 天皇記　＊
□ 2. 国記　＊
□ 3. 古事記
□ 4. 天武
□ 5. 太安万侶(安麻呂)
□ 6. 日本書紀
□ 7. 舎人
□ 8. 六国史
□ 9. 続日本紀
□10. 菅原道真
□11. 栄花(華)物語
□12. 大鏡
□13. 慈円
□14. 愚管抄
□15. 吾妻鏡
□16. 虎関師錬
□17. 元亨釈書
□18. 北畠親房
□19. 神皇正統記
□20. 梅松論
□21. 増鏡
□22. 太平記
□23. 本朝通鑑
□24. 新井白石
□25. 読史余論
□26. 大日本史
□27. 文明論之概略
□28. 日本開化小史
□29. 津田左右吉

② 儒学の導入と展開

□30. 王仁
□31. 五経博士
□32. 憲法十七条
□33. 大学
□34. 国学
□35. 朱熹
□36. 五山
□37. 大義名分
□38. 桂庵玄樹
□39. 薩南
□40. 君臣
□41. 藤原惺窩
□42. 林羅山(道春)
□43. 山崎闇斎
□44. 垂加
□45. 熊沢蕃山
□46. 陽明学
□47. 池田光政
□48. 大学頭
□49. 湯島聖堂
□50. 新井白石
□51. 室鳩巣

□52. 寛政異学
□53. 寛政の三博士
□54. 教育勅語(「教育に関する勅語」)

29 Speed Check! ✓
女性史
1 歴史に登場する女性
□ 1. 土偶
□ 2. 卑弥呼
□ 3. 推古
□ 4. 持統
□ 5. 藤原京
□ 6. 孝謙
□ 7. 道鏡
□ 8. 妻問婚
□ 9. 嫁入婚
□10. 摂関政治
□11. 平がな
□12. 紫式部
□13. 彰子
□14. 清少納言
□15. 定子
□16. 平徳子
□17. 安徳天皇
□18. 北条政子
□19. 執権
□20. 惣領
□21. 御成敗式目(貞永式目)
□22. 分割相続
□23. 地頭
□24. 単独相続
□25. 大原女
□26. 桂女
□27. 日野富子
□28. 応仁の乱
□29. 出雲お国(阿国)
□30. 阿国歌舞伎(かぶき踊り)
□31. 女歌舞伎
□32. 禁中並公家諸法度
□33. 徳川和子
□34. 明正天皇
□35. 学制
□36. 津田梅子
□37. 女子英学塾
□38. 工女
□39. 富岡製糸場
□40. 女工哀史
□41. あゝ野麦峠
□42. 職業婦人
□43. 樋口一葉
□44. 与謝野晶子
□45. 治安警察法
□46. 平塚ていてう(明)
□47. 青鞜社
□48. 新婦人協会
□49. 松井須磨子
□50. 三浦環
□51. 大日本婦人会
□52. 女子挺身隊
□53. 男女雇用機会均等法
□54. 美空ひばり

30 Speed Check! ✓
生活文化史
1 食文化史
□ 1. 採集
□ 2. 漁労
□ 3. トチノキ　＊
□ 4. ドングリ　＊
□ 5. 貝塚
□ 6. ジャポニカ
□ 7. 精進
□ 8. 懐石
□ 9. 牛鍋
2 服装の時代的変遷
□10. 埴輪
□11. 貫頭衣
□12. 裳
□13. 袴
□14. 束帯
□15. 狩衣
□16. 女房装束
□17. 十二単
□18. 水干
□19. 小袖
□20. 裃
3 暦の歴史
□21. 干支
□22. 観勒
□23. 陰陽寮
□24. 宣明暦
□25. 渋川春海(安井算哲)
□26. 貞享暦
□27. 高橋至時
□28. 太陽暦
4 印刷と出版の歴史
□29. 陀羅尼
□30. 法隆寺
□31. 五山版
□32. ヴァリニャーノ
□33. 天草
□34. 後陽成
□35. 慶長版本(勅版)
□36. 洒落本
□37. 浮世絵
□38. 鈴木春信
□39. 錦絵
□40. 本木昌造

30日完成
スピードマスター日本文化史問題集　解答

2024年 2 月　初版発行

編　者　東京都歴史教育研究会
発行者　野澤　武史
印刷所　株式会社　明祥
製本所　有限会社　穴口製本所
発行所　株式会社　山川出版社
〒101-0047　東京都千代田区内神田 1 -13-13
電話　03-3293-8131（営業）　03-3293-8135（編集）
https://www.yamakawa.co.jp/
本文デザイン　バナナグローブスタジオ

ISBN978-4-634-01227-1　NYZK0102